HISTOIRES DE CHEZ NOUS

OUVRAGES D'HIPPOLYTE VIOLEAU.

POÉSIE.

LOISIRS POÉTIQUES, 3e édition à l'usage des maisons d'éducation, approuvée par S. E. Mgr le cardinal de Bonald et Mgr l'évêque de Quimper, 2 vol. in-12. 3 50

LIVRE DES MÈRES et de la Jeunesse, ouvrage couronné par l'Académie Française, 3e édition, 1 vol. in-12. 2 »

PARABOLES ET LÉGENDES, approuvées par Mgr l'évêque de Quimper. 1 vol. grand in-18. 3 »

PROSE.

LA MAISON DU CAP, 3e édition, 1 vol. in-12. 2 »

SOIRÉES DE L'OUVRIER, ouvrage couronné par l'Académie Française, 5e édition, 1 vol. in-18. 1 »

AMICE DU GUERMEUR, 3e édition, 1 ol. in-12. 2 »

PÈLERINAGES DE BRETAGNE, (Morbihan), 2e édition, 1 vol. in-12. 2 »

VEILLÉES BRETONNES, 1 vol. in-12. 2 »

NOUVELLES VEILLÉES BRETONNES, 1 vol. in-12 2 »

SOUVENIRS ET NOUVELLES, 2 vol. in-12. 4 »

RÉCITS DU FOYER, 2 vol. in-12. 4 »

UN HOMME DE BIEN, 1 vol. in-12. 2 »

BEAUGENCY. — IMPRIMERIE DE F. RENOU.

HIPPOLYTE VIOLEAU

HISTOIRES DE CHEZ NOUS

RÉCITS BRETONS

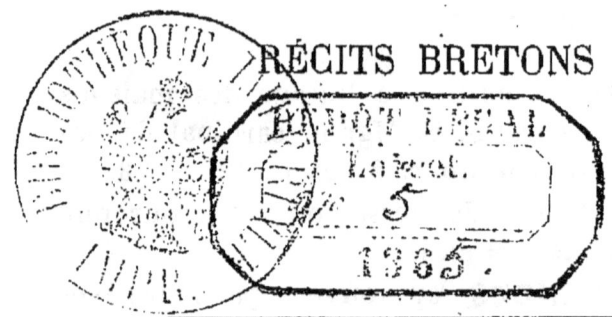

ARSÈNE MICHELIN.
LA MAISON AUX TROIS SONNETTES.
LA FAMILLE DENIEL.
LES PAUVRES DANS LES CAMPAGNES.
LE ROUGE-GORGE DE KERANROUX.
LA CROIX QUI MARCHE.

PARIS
C. DILLET, LIBRAIRE-ÉDITEUR
15, RUE DE SÈVRES, 15

1865

ARSÈNE MICHELIN

ARSÈNE MICHELIN

I

LA GRAND'MÈRE D'ARSÈNE.

Jamais les cloches de Lambézellec n'avaient sonné un carillon mieux en harmonie avec l'éclat d'un ciel de printemps, inondé de soleil. C'était la fête de l'adolescence chrétienne; et, maintenant, la grand'-messe finie, les jeunes communiants sortaient en foule de l'église, dans tout le ravissement d'un cœur pur admis, pour la première fois, à la table sainte. Leurs parents les accompagnaient, et la joie qui brillait dans le regard des mères se communiquait même aux curieux, formant la haie sur la place. Ceux-ci, du reste, avaient eu leur tour ou devaient l'avoir. Les uns jouissaient d'un souvenir, les autres d'une espérance. Recueillis, heureux, les enfants, les familles répondaient en souriant aux félicitations de l'amitié, et ceux qui n'entraient point dans les maisons du bourg, semblaient ne prendre tel ou tel chemin que pour répandre plus loin l'allégresse commune. S'il y a des jours où du côté des hommes aussi bien que du côté de la nature tout nous porte au découragement, il en est d'autres où la création entière se repose dans la confiance. Alors, la prière, au lieu de gémir ou de supplier devient un cantique d'actions de grâce. C'est l'*Alleluia* du Psalmiste : « — Louez le Seigneur, parce qu'il est bon! Louez Dieu, parce que sa miséricorde est éternelle! »

A l'extrémité de la paroisse, au village de Kerfautras, devant un télégraphe dont les bras, touchés en passant par le progrès, ont été, depuis, frappés de paralysie, la plus grande animation régnait dans l'attente de l'un des jeunes garçons qui, un cierge à la main, revenaient, en ce moment, de l'église. A chaque instant, la figure ridée d'une vieille femme et le frais visage d'une petite fille de huit ou neuf ans se montraient à la fenêtre d'une maison de la plus modeste apparence, mais que des fleurs en berceau et deux chardonnerets en cage égayaient, et rendaient charmante.

— Allons, Jeanne, disait la vieille femme, veille au rôti, car nous voilà sur le finissement de la matinée, et je ne veux pas être surprise par M. Gareau avant d'avoir fait un brin de toilette. Je n'avais pas deux fois ton âge, ma mignonne, quand madame Frique, la veuve du maître ramoneur de Quintin, me répétait tous les jours que les plus mauvais compagnons du monde étaient : *trop tôt* et *trop tard*. Dame ! il a bien fallu savoir mettre le temps à profit, pour arriver, moi, pauvre servante de madame Frique, à l'honneur du tablier blanc chez un gros bourgeois ! C'est là que ton défunt grand-père m'a trouvée, et, depuis, je n'ai pas failli à l'ouvrage, du moins d'intention vivante. Ménage, cuisine, marché, couture, tout repose sur la mère Michelin, sans compter les malades du voisinage à guérir. Et l'on appelle la soixantaine l'âge du repos ! Joli repos ! celui du cheval de bât, qui va, qui trotte, suant sous la charge, jusqu'à l'heure où la fatigue le fait crever en route !

Tout en parlant, la bonne femme avait ouvert un des grands battants de l'armoire qui lui servait de rideau ou de cloison, lorsqu'elle s'habillait. Ainsi cachée, elle venait de passer à la hâte son beau justin de cérémonie lorsqu'en jetant les yeux dans la chambre pour voir si les choses allaient convenablement, un cri d'effroi s'échappa de sa bouche. Assise au coin du foyer, la petite Jeanne, les mains jointes et le regard fixe, contemplait avec une indifférence incroyable un affreux tison, poussé dans la sauce par quelque lutin, jaloux d'appliquer des noirs sur la dorure d'un poulet appétissant. Un bond, comme on n'en fait jamais qu'au moment d'un péril extrême, suivit le cri lamentable, ou plutôt l'accompagna.

L'enfant tressaillit.

Oh! grand'mère, dit-elle, ne me grondez pas! Je n'avais pas vu... J'étais si triste en vous écoutant parler de vous comme d'un cheval près de mourir! C'est bien assez de maman! Oh! grand'mère, c'est trop; c'est beaucoup trop!

Et l'enfant secoua sa tête blonde, avec un tel air de gravité et d'affliction, qu'un torrent de larmes aurait eu moins d'éloquence.

L'aïeule la prit sur ses genoux et l'embrassa. Le langage et les manières de la mère Michelin laissaient fort à désirer du côté de l'élégance, mais Dieu qui n'oublie personne dans ses libéralités, avait choisi le cœur de cette pauvre femme parmi les plus généreux et les plus tendres.

—Ma chérie, dit-elle en serrant l'enfant contre sa poitrine; mon petit pigeon bien-aimé, il n'y a, sais-tu, dans les murmures de grand'mère qu'un peu d'impatience et de criailleries, quand il faut être, à la fois, au four et au moulin! Par instants on fait la fâchée; mais, après tout, on ne voudrait pas changer son lot pour une infinité d'autres, et l'on voudrait encore moins mourir. Nous avons de la peine à vivre, c'est vrai! La maladie de ta mère a été longue et coûteuse, et ton père, blessé à la main, n'a pu rien gagner depuis trois mois. Je souffre de cela, et de bien d'autres choses : cependant, je dois reconnaître que j'ai le meilleur des fils, de bons petits enfants dont l'un fait l'admiration du maître d'école, de M. le curé lui-même, tandis que l'autre, à huit ans à peine, ne s'épargne pas, ici, pour venir en aide à mes vieux bras, à mes vieilles jambes. Et puis m'est avis qu'après guignon, bonne chance a son tour. Encore une semaine, moins, peut-être, et voilà Michelin en état de reprendre ses outils. Plus tard, le garçon fera aussi sa trouée, et rien d'impossible, assurément, à ce qu'un jeune homme d'un grand savoir trouve, en peu d'années, un moyen honnête de boursicoter trois ou quatre cents écus pour doter sa sœur. Moi mourir avant ce temps ! Oh ! nenni ! je ne veux aller rejoindre ta mère que lorsque vous serez tous trop heureux pour vous apercevoir beaucoup de la perte d'une vieille grondeuse.

Jeanne avait passé un de ses bras autour du cou de la bonne femme, et ses grands yeux bleus rayonnant d'une intelligence précoce, ne quittaient pas un instant les yeux humides qui la caressaient du regard.

— Grand'mère, dit l'enfant, promettez-moi de rester toujours avec nous ; toujours, toujours !

— Tant que Dieu le permettra, répondit l'aïeule en baissant la voix, et de plus en plus attendrie.

— Et Dieu ne le permettra pas toujours ? demanda la petite fille.

La vieille femme se recueillit un moment.

— Je suis bien ignorante, reprit-elle, pour expliquer à ma poulette des choses aussi sérieuses. Non, ma mignonne ; non, Dieu ne me laissera pas toujours avec mes enfants chéris ; mais il ne manquera pas, à son heure, de les conduire, l'un après l'autre, dans le petit coin qu'il m'aura donné là-haut. J'ai eu comme toi, mon bijou, une mère qui m'aimait du milieu de son cœur ; une mère qui m'attend, et qu'il me faudra rejoindre. Tu la connaîtras plus tard ; et tu connaîtras aussi, en les voyant de tes yeux, les saints, les anges, la Vierge Marie, le bon Jésus si doux, sur la terre, pour le pauvre monde. Ce qui te fait peur, n'est-ce pas ? c'est le cimetière ; ce sont les tombes ; ce sont les croix noires ou blanches ! Eh bien ! le cimetière ne devrait pas effrayer, attendu qu'il est comme la porte du paradis. Accompagnés jusque-là par leurs parents et par leurs amis, les morts n'y restent seuls que pour s'élever librement au ciel avec le parfum des roses et des violettes, avec les oiseaux qui chantent et qui volent.

La physionomie de Jeanne n'exprimait plus la même anxiété ; et l'impression de délaissement pour les morts, que l'enfant avait gardée en revenant du convoi de sa mère, s'effaçait à la pensée d'un mystère glorieux, dont les vivants ne pouvaient être témoins. La découverte d'une chrysalide au coin d'un fossé, et l'explication de son père sur la chenille qui, avant de prendre des ailes, se couvre d'un voile, avaient, d'ailleurs, éveillé en elle des idées qui n'étaient pas sans analogie avec les révélations de la grand'mère. Elle allait, sans doute, adresser à celle-ci de nouvelles questions lorsque la porte s'ouvrit pour laisser entrer un petit homme à lunettes vertes, et dont la poitrine en saillie, le dos en creux, la tête haute, les bottes à talons élevés, annonçaient l'intention bien arrêtée de ne pas perdre volontairement une ligne de sa taille.

La toilette du personnage n'était pas non plus sans prétentions. Il portait un habit bleu clair à boutons de cuivre, un pantalon de nankin très-étroit et très-tendu, un gilet de soie à fond noir, où des coqs de couleurs voyantes alternaient avec de petits drapeaux tricolores. Son chapeau, crânement posé sur l'oreille gauche, était d'un gris clair, tirant un peu sur le rose. Sa cravate bigarrée, nouée à la matelotte, flottait au vent, et accompagnait fort bien les mouvements d'un jonc fashionnable en agitation perpétuelle.

— Que c'est amiteux à vous, monsieur Gareau, de venir ainsi avant l'heure ! s'écria la mère Michelin en lui présentant une chaise à bras qui se donnait des airs de fauteuil. Votre filleul n'est pas encore de retour ; mais voici la petite Jeanne qui vous tiendra compagnie tandis qu'avec votre permission je continuerai mon rabajo.

Le petit bonhomme haussa légèrement une épaule, et se penchant vers l'oreille de la grand'mère, il lui dit d'un ton confidentiel :

— Pourquoi, ma vieille amie, n'employez-vous pas le mot de cuisine ou même celui de ménage au lieu d'une expression baroque qui n'a de signification qne pour vous? Prenez garde ! votre petit-fils tient de moi : il sera un jour, l'orgueil de la famille, et vous feriez très-sagement de vous y prendre d'avance pour que votre langage ne fût pas trop en désaccord avec le sien. Voyons ! ce serait peu de chose à réformer ; et si vous voulez m'y autoriser, nous aurons bientôt, à nous deux, mis en déroute ces mots malheureux qu'un jeune homme instruit ne saurait entendre avec plaisir. Vous n'ignorez pas que Scipion Gareau a du tact, et qu'il se garderait de vous reprendre devant les enfants. Non, lorsqu'en leur présence, j'aurais une observation à vous faire, je me contenterais d'une simple note sur les feuillets du calepin qui ne me quitte jamais, et cette note, ensuite, dans le premier tête à tête, aiderait ma mémoire, un peu engourdie depuis quelque temps. Allons, ma bonne mère, est-ce une affaire arrangée? J'aurais vraiment à cœur de vous rendre encore ce service dont l'importance vous sera, sans doute, révélée plus tard.

Avant de répondre à la proposition fort inattendue de M. Gareau, la mère Michelin envoya la petite fille guetter, sur la route, l'arrivée de son frère. L'enfant grimpa lestement sur un talus couvert de marguerites, et s'y assit à l'ombre du télégraphe qui jasait au-dessus de sa tête en multipliant, à la façon des commères du voisinage en train de médire, des gestes bizarres et mystérieux.

Pendant ce temps, l'aïeule exprimait de son mieux à M. Gareau l'embarras où la jetait une offre, assurément obligeante, mais dont l'acceptation entraînerait, *pour une femme d'âge*, de bien grandes difficultés.

— M'est avis, disait-elle avec une touchante simplicité, que plus le gars aura de savoir, mieux il comprendra que sa grand'mère ne peut parler comme une dame, sans avoir jamais connu l'école ni de Quintin ni d'ailleurs. Madame Frique, ma première maîtresse, m'a répété souvente fois que chacun, en ce monde, ayant sa place et sa nature, il serait injuste de demander au chardon de porter des cerises ou des raisins. Elle assurait aussi que le bien faire valait mieux que le bien dire ; et le bien faire, après tout, quand la poche est vide, c'est de travailler honnêtement et bravement pour gagner son pain. Je n'y ai jamais manqué, et j'ai gagné même le pain des autres, sans m'épargner à la peine, sans me plaindre, sans demander le pourquoi de la volonté de Dieu, tenant pour esprits malades, les quinteux, les tatillonneurs qui cherchent cinq pieds au mouton. Après cela, pour faire plaisir à l'enfant, s'il y a moyen d'aviser un petit, en bonne foi, je ne demande pas mieux que d'essayer avec vous. Pourtant, j'ai peur que l'accoutumance ne ramène toujours Robin à la farine.

M. Gareau cumulait, à Brest, un emploi mal défini dans les bureaux de la préfecture maritime, et une autre profession, mieux en rapport avec ses prétentions de linguiste. Il donnait, dans un pensionnat de jeunes demoiselles, des leçons d'anglais, et rassemblait, chez lui, tous les soirs, une douzaine de grands garçons assurés, pour la vie, d'après son programme, contre les embûches des participes, et, en général, contre tous les piéges de la langue française. Ses relations étaient fort étendues, et comme il aimait à s'en prévaloir, personne ne sollicitait, ne pétitionnait plus souvent en faveur de tel ou tel; personne ne multipliait autant pour des amis, et même pour de simples connaissances les courses, les démarches, et ne rendait, en réalité, aux uns et aux autres des services aussi nombreux. Sa joie était d'entendre proclamer qu'il avait la main heureuse; qu'où les protections les plus hautes venaient échouer, l'habileté, la hardiesse, la ténacité de monsieur Gareau triomphaient immanquablement. Pas de quête ou de loterie qui ne réclamât en première ligne son activité tracassière, infatigable. A la vérité, on citait son avarice : une offrande, même légère, échappée de ses mains toujours tendues, toujours suppliantes, eut produit l'effet d'un miracle; mais s'il n'était point la source, il avait au moins, répétons-le, l'utilité du canal, aidant à répandre l'eau venue d'ailleurs, et qui féconde, en passant, les bords qu'elle arrose.

Originaire des Côtes-du-Nord, l'employé de la préfecture avait connu madame Frique, et pour expliquer les relations d'un homme aussi bien posé avec une famille d'artisans, quelques-uns, au village de Kerfautras, alléguaient la nécessité d'acheter, par certains égards, le silence de la grand'mère. Les débuts de monsieur Gareau étaient obscurs; et l'on soupçonnait le maître ramoneur d'y avoir aidé charitablement dans l'ombre des cheminées de Quintin. Heureux, après tout, ceux qui, parvenus aux honneurs, n'ont à essuyer de leur front que des taches de suie! Un lien de parenté spirituelle existait, d'ailleurs, depuis environ douze ans, entre le petit-fils de la mère Michelin et monsieur Gareau. Celui-ci avait accepté les fonctions de parrain, et les succès de son filleul à l'école primaire le récompensaient, chaque jour davantage, d'une condescendance remarquable à tous égards. Aussi, au moment où commence cette histoire, le soin de soumettre aux règles de la syntaxe la langue rebelle de l'aïeule, n'était pas le seul bon office de l'obligeant personnage en faveur de son protégé. Dans le calepin même qu'il destinait à recevoir les notes qui, plus tard, devaient servir de texte à ses leçons, un papier mystérieux, un papier que sa confiance présomptueuse regardait comme l'équivalent d'une fortune, attendait l'instant favorable pour jeter les Michelin, grands et petits, dans la surprise et l'extase. Ce talisman n'était rien moins que l'octroi d'une bourse au collége de Brest.

Mais la bonne nouvelle demeurait provisoirement à l'état de mystère entre l'habit bleu à boutons de cuivre et le gilet symbolique de monsieur Gareau. Pour le moment, le maître de langues ne songeait qu'à relever dans la réponse de l'aïeule des locutions pittoresques comme les cinq pieds du mouton ou Robin et sa farine. Un joyeux appel de la petite Jeanne ne lui en laissa pas le temps.

— Les voilà! les voilà! cria l'enfant en courant au devant de son père et du futur collégien.

L'aïeule donna un nouveau coup d'œil au rôti, et le parrain, lunettes sur le nez, montra son visage couleur noisette à côté de la cage, entre les fleurs empourprées des géraniums. — Les Hollandais ont de ces tableaux où le frais, le gracieux appartient beaucoup moins à la figure de l'homme qu'à ce qui l'entoure. Ici des oiseaux, là des guirlandes, et, droit au milieu, quelque laideron tenant en main une casserole ou un manche à balai. — Peinture vulgaire, disent les uns; — oui, mais en même temps, image fidèle de la vie, où la poésie est rarement autre chose qu'un accessoire.

II

MICHELIN PÈRE ET MICHELIN FILS.

Le père du protégé de M. Gareau devait avoir trente-cinq ans. C'était un homme d'une taille élevée, et dont le teint brun, les traits accusés, l'œil fier et hardi annonçaient la vigueur physique et morale. Entré tout enfant dans un atelier de serrurerie à Brest, il y tenait le premier rang depuis sa vingtième année, et pas un de ses camarades n'aurait pu lutter avec lui tant pour la perfection du travail que pour la promptitude de l'exécution. Hors ce labeur manuel et les leçons du catéchisme, il n'avait rien appris sous la direction d'un maître ; mais, à ses heures de repos, un petit nombre de livres sérieux, mis à sa disposition par une main amie, étaient devenus, pour son esprit naturellement grave, une mine de pensées fécondes. Il eût aimé des études moins incomplètes, et pourtant une instruction sans méthode, sans contrôle, et, par conséquent, jamais sûre d'elle-même, avait pour lui certains avantages. Cette instruction laissait moins de prises aux rêves ambitieux, aux délicatesses d'amour-propre dans un intérieur d'artisans. La bonne grand'mère surtout y gagnait, et rien ne le prouvait mieux que l'inquiétude soudaine de M. Gareau au moment où le petit-fils, confié à des professeurs habiles, allait profiter d'un enseignement supérieur que la famille entière du serrurier croyait uniquement réservé aux privilégiés de la naissance et de la fortune.

Arsène Michelin, à douze ans, avait quelque chose de la haute stature et de la beauté de son père : les traits étaient les mêmes avec une expression différente. Le regard de l'enfant manquait d'assurance ; il exprimait la douceur, et, peut-être aussi, la tristesse. Appuyé sur le bras d'un garçon de son âge, mais beaucoup moins grand, Arsène marchait en silence, répondant à peine par un léger signe de tête au babil de son camarade, Denis Riquet. Celui-ci était en apprentissage dans l'atelier de Michelin, et suivant l'usage, entre compagnons de première communion, chacun des deux enfants devait, ce jour-là, dîner ou souper dans chacune des deux familles. Le souvenir de la cérémonie du matin, la joie d'assister, le soir, à la procession, et d'y porter, avec son ami, la statue de l'Ange gardien ou de saint Joseph, donnaient une telle ardeur aux épanchements de l'apprenti serrurier que les paroles n'y pouvaient suffire. De temps à autre, oubliant le recueillement tant recommandé par M. le curé de Lambézellec, il sautait à pieds joints, en poussant un cri de plaisir, contraste parfait avec l'air dolent de celui qui le tenait par le bras, et trébuchait à chacune de ces démonstrations d'allégresse.

Tandis que l'ouvrier serrait la main de M. Gareau, la grand'mère embrassait son petit-fils, et le considérait attentivement. Elle l'entraîna même du côté de la fenêtre pour mieux le voir.

— Bonté divine! s'écria-t-elle, que tu es pâle, et que tes yeux sont alangouris! Qu'est-il arrivé, mon gars? Ne me cache rien et parle vitement.

Arsène fit un geste négatif, et, le doigt posé sur la bouche, indiqua son père du regard.

— Non, non, reprit la bonne femme en élevant la voix, pas de cachotteries ni de mystères! Ton père et moi nous voulons savoir ce qui te chagrine. N'est-il pas vrai, Michelin?

— Arsène est, en effet, tout préoccupé, répondit le père, qui s'était rapproché de lui avec le parrain.

L'enfant cacha sa tête dans ses mains, et balbutia des paroles inintelligibles.

La petite Jeanne se suspendit à son cou, et lui demanda s'il était malade.

On l'entoura, on le pressa de questions.

— Oh! oui, dit-il enfin, je suis malade! Si je pouvais ne plus sortir aujourd'hui! ne pas aller à la procession?

— Ne pas aller à la procession? s'écria Denis en joignant les mains d'un air consterné; mais tu devais porter le saint, et quel honneur!

Un sourire amer effleura les lèvres d'Arsène, et ses sanglots redoublèrent.

— Il y a ici quelque chose de singulier, murmura le père, en s'adressant à M. Gareau.

Ce dernier fronça les sourcils, fit remonter de son nez à son front, ses lunettes vertes, se pinça les lèvres, et fixa sur son filleul un regard interrogateur.

La grand'mère, la petite sœur, l'ami voulaient aussi des explications sur la maladie d'Arsène: d'où souffrait-il? Et si ce mal n'était pas venu subitement, pourquoi l'avoir caché, jusque-là, à son père, à Denis Riquet? Arsène ne se pressait pas de répondre; mais à chacune de ces questions il pleurait un peu plus fort.

— Ceci doit finir, dit Michelin avec un accent de

sévérité qui n'admettait point de nouveaux retards. Arsène le comprit, et d'une voix tremblante :

— Ma tête brûle, dit-il, et j'ai le frisson ; à l'église, une sueur glacée coulait sur mon front et sur mes joues. Je suis malade ; je vous assure que je suis trop malade pour suivre la procession tantôt. Permettez-moi d'ôter ces habits... Je ne tiens plus sur mes jambes, et si je pouvais dormir...

— Et tu ne mangerais pas de ce bon rôti ! interrompit la grand'mère en poussant une exclamation de regret. Voilà bien notre pauvre vie ! Après le caillou qui blesse le pied, disait Madame Frique, l'épine qui déchire la main ! Au moins, mon mignon, tu prendras un doigt de vin sucré avant de te mettre au lit. Un jour de fête !... Ah ! monsieur Gareau, c'est y guignonnant ?...

— C'est malheureux, très-malheureux, répondit le maître de langues qui, malgré toute sa prudence, ne put se défendre d'appuyer sur la rectification.

Mais la mère Michelin reprit avec un aplomb imperturbable :

— Dites que c'est bisquant au possible !

M. Gareau tira son calepin, et prit une note. Personne n'y fit attention. La grand'mère préparait le vin sucré ; le père conduisait le malade dans le cabinet voisin ; Denis et la petite Jeanne échangeaient à voix basse des lamentations sur le contre-temps qui privait Arsène d'assister à la procession et d'y figurer parmi les porteurs de saint Joseph.

Le père rentra dans la chambre un instant après. Suivant lui, Arsène avait surtout besoin de repos.

— Mettons-nous à table, continua-t-il en essayant de sourire : l'enfant, j'en suis sûr, est beaucoup moins malade qu'il n'est agité ; un peu de sommeil le calmera, et, plus tard, nous saurons la cause de son chagrin. En attendant, ma mère n'a pas oublié que M. Gareau est connaisseur en rôti ; et comme elle a soigné, sans doute, celui-ci en conséquence, j'espère que chacun de nous lui fera honneur en y revenant plusieurs fois.

— Oh ! très-volontiers, dit l'employé de la préfecture ; cependant, je l'avoue, l'absence du héros de la fête me contrarie d'autant plus que j'avais une communication à lui faire, une communication très-importante.

Peindre, en ce moment, l'attitude olympienne de M. Gareau serait impossible : il avait une manière de se rengorger qui n'appartenait qu'à lui.

— Qu'y a-t-il donc ? demanda Michelin avec une certaine impatience.

— Tout simplement une bourse au collége de Brest, répondit le zélé parrain dont l'épanouissement était complet.

— Dieu du ciel ! s'écria la mère Michelin, une bourse au collége Joinville !

— Bourse et trousseau, rien n'y manque, pas même une lettre d'encouragement d'un haut protecteur.

Ah! je vous disais bien que ce garçon-là serait un jour l'orgueil de son père!

Le serrurier paraissait abasourdi : évidemment la grande nouvelle le prenait à l'improviste.

Il lui fallut quelques instants avant de pouvoir remercier M. Gareau ; il le fit, mais avec une certaine contrainte ; et le parrain, à son tour, se montra surpris.

— Ah! ça, Michelin, excellent père et intelligent comme vous l'êtes, je m'attendais de votre part à plus de joie en apprenant la réussite complète de mes démarches pour mettre votre fils en bon chemin. Maintenant, il peut arriver à tout, et il ira loin, et il montera haut; c'est moi qui l'affirme.

— Qu'il soit donc heureux! répondit l'ouvrier avec un soupir; mais tenez, je dois être franc! Sans pouvoir me rendre compte de ce que j'éprouve, il me semble qu'à l'avenir Arsène sera moins à nous que par le passé. S'il doit aller loin, s'il doit monter haut, comment le suivre? Et sinon, comment empêcher qu'un peu plus tôt, un peu plus tard, il n'oublie son père et toute sa famille?

Le potage était sur la table, et la grand'mère se disposait à servir M. Gareau, quand ce blasphème l'arrêta tout court : Arsène un ingrat! Arsène oublier un jour sa famille!

— Michelin, dit-elle, ce n'est pas l'instant de faire la dépiteuse, et cependant, vous me mettriez dans une colère rouge avec vos suppositions. Vous ne connaissez pas encore la bonté de mon cher enfant ; et c'est pourquoi, quitte à vous remettre en mémoire un deuil bien triste, je ne cacherai pas la vérité. Savez-vous pourquoi notre chérubin est là pleurant sur son oreiller au lieu de montrer à côté de son parrain une mine joyeuse ? C'est qu'il a vu, ce matin, d'autres enfants conduits par leur mère, et qu'il a pensé à la sienne morte, seulement, depuis huit mois. J'avais deviné la chose au premier coup d'œil, mais à quoi bon en parler quand personne, ici, ne peut rappeler la défunte sans en avoir le cœur gros. Le pauvre petit n'est pas maître de la sensibilité qui fait ravage au dedans de lui, et le blêmit à faire peur. Il est malade, oui, il est malade de regrets et de tendresse pour celle qui l'a mis au monde, pour celle qui vous reproche de là-haut le manque de confiance dont je me plains comme d'une injustice.

Jeanne s'était approchée de son père, et quand l'aïeule eut admonesté ce dernier, qui n'essaya point de se défendre, la petite fille demanda d'un air câlin l'autorisation de rejoindre Arsène pour lui apprendre ce que venait d'annoncer M. Gareau.

Michelin ne se rendit point à cette prière, persuadé qu'une joie subite ne serait pas sans danger pour des nerfs aussi ébranlés que l'étaient ceux du jeune malade. Le désappointement de Jeanne le toucha ; il prit un instant l'enfant sur ses genoux, et la pressant contre sa poitrine :

— J'ignore, dit-il d'un accent ému, si ton frère

doit être, en effet, mon orgueil et celui de ma bonne mère ; mais je sais bien qu'en toute circonstance tu seras toujours notre consolation.

Le rôti parut sur la table et fut accueilli avec distraction par M. Gareau et Denis Riquet. L'entrain sur lequel on avait compté pour suppléer à l'insuffisance des plats faisait entièrement défaut, et la grand'mère éprouvait une confusion véritable en se voyant si vite au bout du festin.

— Je n'irai pas, dit-elle, par quatre chemins, avec un ami qui sait aussi bien que nous la gêne que nous éprouvons pour le quart-d'heure. Sans la maladie et la mort de la défunte ; sans la blessure de Michelin et le chômage forcé à la suite, nous aurions tout mis par écuelles pour recevoir dignement un homme habitué à des mangeries de haut appareil. Par malheur, il faut en rabattre au temps mauvais, sous peine d'aller, un jour, demander au tiers et au quart : Votre chien mord-il ? — La mère Michelin ne l'a jamais fait jusqu'à présent, et si dans sa maison, on a connu d'autres jeûnes que ceux de l'Église ; cela s'est fait à la douce, sans tambourin ni lanterne. Vous excuserez donc, cher monsieur, un dîner que la tristesse de notre gars ne nous permet pas même de relever par une contenance gaie et accorte.

— Mais votre dîner est parfait, mes bons amis ; il est excellent, répondait M. Gareau tout en griffonnant de nouvelles notes sur les feuillets blancs de son calepin. — Cette fois, la mère Michelin remarqua l'occupation du maître de langues; et l'idée d'avoir à subir, plus tard, une remontrance pour des méfaits involontaires, inévitables, la déconcerta tellement qu'elle eut besoin, pour cacher son trouble, de prétexter la nécessité d'aller voir si le cher petit homme était endormi. Elle ouvrit donc avec précaution la porte du cabinet, et s'avança vers le lit où *l'orgueil de la famille,* comme l'avait nommé M. Gareau, semblait sommeiller.

III

UN HABIT RAPÉ.

Arsène laissait pendre une de ses mains sur les couvertures : la mère Michelin prit doucement cette main, et la trouvant plus fraîche qu'elle ne l'aurait supposée, elle en éprouva tant de satisfaction qu'elle ne put résister au désir d'y attacher ses lèvres reconnaissantes. A ces pieuses caresses, l'enfant, dont la figure était tournée du côté de la cloison, sut bien qui le visitait. Il se retourna, et passa les deux bras autour du cou de sa bonne aïeule.

— Oh! c'est vous grand'mère! N'ayez pas peur! je suis mieux..... mais si vous saviez quel chagrin j'avais, là-bas, à l'église!

— Je le sais, mon gars, je le sais... la petite Jeanne

aussi avait du chagrin pour la même cause; et je la consolais à ma manière en attendant ton retour. Dame! elle a de la connaissance cette enfant, et comprend comme toi ce qui vous manque aujourd'hui à tous les deux. En bon garçon que tu es, tu n'auras pas voulu pleurer librement de peur d'affliger ton père, et cela t'aura fait le cœur plus lourd à porter. J'ai usé moi-même de ces déguisements et feintises dans les moments difficiles, et dire ce qu'il m'en coûtait ne se pourrait point. Se douloir est un besoin qui ne le cède guère ni au boire ni au manger. Pleure donc avec moi, mon minet, en toute sincérité et confiance. Madame Frique m'a répété souventes fois qu'entre peines confiées et peines adoucies il n'y avait pas l'épaisseur d'un cheveu.

— C'était à mourir de honte, reprit Arsène le front appuyé sur l'épaule de son aïeule.

La mère Michelin crut avoir mal entendu.

— Oui, grand'mère, continua le jeune garçon en indiquant de la main ses vêtements déposés sur une chaise au pied du lit; voyez ma veste blanchie aux coudes et mon pantalon trop court!..... Les autres avaient presque tous des habits neufs, eux, des fils de laboureurs, de paysans; et moi, moi rien que ces vieilleries montrant la corde!... Si vous aviez vu de quel air de compassion on me regardait! Je n'y tenais plus, et j'aurais voulu me cacher sous terre.

A cet aveu, la mère Michelin détourna la tête et laissant son petit-fils retomber sur l'oreiller, s'éloigna brusquement de quelques pas. Ces pleurs qu'elle attribuait à l'amour filial en deuil, ces pleurs amers, l'humiliation les faisait couler. Oui, humilié, malheureux au point d'en être malade, et cela pour de vieux habits ! — La pauvre femme ne l'aurait jamais soupçonné, et sa piété, d'accord avec le bon sens, lui montra, d'abord, sous un jour peu favorable l'enfant qui, en approchant pour la première fois de la table sainte, cédait à de pareilles impressions. Mais la bonne aïeule avait de longues habitudes d'aimer, et d'aimer sans examen, seule manière d'aimer longtemps et beaucoup. Fondées ou non, les souffrances de son petit-fils étaient réelles, et qu'avait-elle à faire sinon de chercher à les apaiser? Plus tendre qu'il ne l'aurait fallu dans une circonstance pareille, elle revint à la place qu'elle avait quittée, et là son cœur se fondit en consolations. Essayant de se tromper elle-même pour rassurer sa conscience sur les fruits d'une communion imparfaite :

— Mon chéri, dit-elle, quand tous les enfants se font braves en ce jour de bénédictions, tu as cru, naturellement, que notre Sauveur était comme les grands du monde qui voient, parmi ceux qui les approchent, un manque de respect dans un vieil habit. A douze ans, on regarde la pelure des choses; plus tard, on pénètre un brin plus avant, et, la soixantaine sonnée, on s'attache au pépin, comme le disait madame Frique. A quoi me servirait-il d'avoir tant marché, et souvent par de vrais casse-cous, si je n'avais rencontré en route la vérité vraie des leçons de ma chère maîtresse ?... Notre Sauveur ! mais il était plus pauvre que nous, et les habits qu'il portait étaient des habits de travail ! Ce qu'il a choisi sur la terre, comment pourrait-il le regarder d'un mauvais œil, à présent qu'il est au ciel? Mon amour, as-tu donc oublié les saints Évangiles que tu m'as lus tant de fois? Saint Pierre, saint Jean étaient couverts d'une étoffe commune, tandis que les Pharisiens se pavanaient sous de riches manteaux. C'est pourtant saint Pierre qui fut choisi, emmy tous les hommes, pour mener l'Église, et c'est, pareillement, saint Jean, avec son pauvre habit usé à la pêche, et plus tard, à courir les chemins par tous les temps, qui dormit un somme sur le cœur de Notre-Seigneur Jésus-Christ lui-même! On te regardait, dis-tu, avec compassion? Eh bien ! est-ce qu'il y a de quoi se deuiller si quelques bonnes âmes s'aperçoivent, à ton pantalon ou à ta veste, qu'il y a présentement de la gêne chez le serrurier ? Cette veste et ce pantalon prouvent que ton père n'est pas coutumier d'acheter sans argent, et que pas une main dans toute la ville n'a le droit de l'arrêter au collet, lorsqu'il s'en va, par les rues, portant haut la tête. Ceci est suffisant devant les hommes pour chasser la mauvaise honte, et, devant Dieu, tu connais déjà d'assez bonnes raisons. Crois-moi, mon bijou, fais un effort; lève-toi; mange un petit; et retourne ensuite avec Denis à l'église du bourg pour renouveler les vœux du baptême, et assister à la procession.

Le jeune garçon avait écouté avec calme les raisonnements et les consolations de la mère Michelin; mais l'invitation venue à la suite, lui rendit, en un instant, toute son anxiété. Une expression d'épouvante et de désespoir bouleversa ses traits; il joignit les mains, et de l'air d'un condamné à mort, implorant la vie, il supplia la bonne femme de ne pas exiger de lui un sacrifice qu'il ne pouvait faire :

— Oh! grand'mère, laissez Denis s'en aller seul à Lambézellec, et ne dites rien à papa du secret que je vous confie! Traverser la place du bourg, parcourir les chemins lentement, un à un, au milieu de gens qui regardent! Oh! non! oh! grand'mère, si vous m'aimez!...

Si vous m'aimez! Pouvait-il en douter, l'ingrat? Hélas! il y avait même de l'excès dans ce grand amour, et ce qui suivit le prouva trop bien.

Revenue dans la chambre et interrogée par son fils et M. Gareau, la mère Michelin se contenta de répondre qu'à son avis, avec un repos complet et des ménagements, l'indisposition d'Arsène n'aurait aucune gravité. Sur cette assurance, les deux hommes reprirent une conversation animée où ils débattaient contradictoirement les avantages et les inconvénients d'une éducation complète pour le fils d'un artisan, tandis que Denis et la petite Jeanne chantonnaient ensemble dans un coin. La table à desservir réclamait en vain les soins diligents de l'aïeule; celle-ci, le coude appuyé sur la fenêtre, dans une parfaite immobilité, contemplait la rade de Brest et les côtes accidentées de Plougastel-Daoulas. Si quelques pensées se faisaient jour dans la confusion de son esprit, ces pensées devaient être d'une nature pénible, car, de temps à autre, un soupir s'échappait de sa poitrine. Celui qu'un vêtement usé rendait en ce moment si malheureux, où s'arrêterait-il dans son appréhension d'un regard dédaigneux ou, seulement, empreint d'une pitié compatissante? Cette question perplexe devait dominer la rêverie de la vieille femme, à en juger, du moins, par les premières paroles qu'elle adressa, en quittant la fenêtre, au parrain d'Arsène.

— En bonne foi, monsieur Gareau, et la main sur la conscience, est-ce dans les choses possibles pour moi, en y mettant tous les jours du mien autant que pas un de vos écoliers, de parler un peu le français des livres?

Le maître de langues répondit affirmativement, et la mère Michelin se tournant alors vers son fils, très-étonné de ce qu'il venait d'entendre, lui parla des propositions de M. Gareau, et du désir qu'elle avait d'en profiter.

Le front de l'ouvrier se couvrit d'une rougeur subite, et frappant la table de son poing fermé :

— Non, ma mère, non, vous n'avez rien à apprendre pour mériter et conserver le respect qui vous est dû dans cette maison. Que vous disais-je? Vous supposez, vous-même à présent, des distances entre vous et l'enfant de votre fils, des distances exigeant des fatigues, des humiliations de votre part pour arriver à se rapprocher et à s'entendre. Ah ! si j'avais la certitude de ce que je crains, je maudirais l'heure où ma faiblesse aurait souffert, pour ce garçon, d'autres études que celles de l'école primaire ! Grand Dieu ! en récompense d'une vie souvent héroïque dans son obscurité laborieuse, vous n'auriez pas même ici, chez vous, votre franc parler !... Eh ! que m'importe à moi le mot qui se dit ou celui qui ne se dit pas, du moment, qu'il vous a suffi jusqu'à présent !... Ce mot, d'ailleurs, n'exprima jamais dans votre bouche que des pensées ou des sentiments qu'une reine n'aurait point à désavouer. Des leçons ? c'est moi qui me chargerai d'en donner à celui de mes enfants qui pourrait oublier un jour ce qu'il vous doit de vénération et de tendresse ! Non, encore une fois, c'est assez d'abnégation ! En mon nom, au vôtre, au nom d'Arsène, je vous supplie, je vous conjure de repousser une idée qui, après tout, ne serait pas venue à M. Gareau s'il n'allait au-delà de mes inquiétudes, s'il ne supposait à son filleul le plus odieux caractère !

Avant la fin de cette apostrophe, M. Gareau s'était levé assez brusquement. Il avait saisi d'une main son chapeau gris, de l'autre sa petite canne, et le regard impatient qu'il attachait sur la porte, annonçait qu'il se disposait à sortir sans laisser à la grand'mère le temps de répondre au serrurier.

— Michelin, dit-il d'un ton sec, et qui n'était pas sans quelque hauteur ; Michelin, il en sera exactement comme vous l'entendrez pour des offres de services que je m'attendais à voir mieux comprises. Un double intérêt m'inspirait ces propositions, celui de votre fils et celui de votre mère. Il n'entre dans ma pensée ni calomnie ni soupçon, et je croirais manquer à ma dignité en insistant davantage. Un peu d'ennui aurait trouvé son dédommagement plus tard ; et quand votre mère parlerait un français plus correct, personne n'y eût perdu, pas même madame Frique, alors un peu moins citée peut-être. A votre aise pourtant, c'est votre affaire, et non pas la mienne. Il dépend de vous de refuser également cette bourse, qui m'a coûté tant de lettres et tant de démarches.

Et, redressant son faux col, sans vouloir entendre les explications de Michelin et les excuses de sa mère, le parrain, suivant l'expression hardie de la bonne femme, fendit l'air en quatre, immédiatement. Un bruit de talons de bottes retentit dans l'escalier : la porte extérieure s'ouvrit, se referma, et, sur la route de Brest à Paris, le soleil ne parut briller un moment, que pour donner un éclat éblouissant aux boutons de cuivre d'un habit bleu clair. Le chapeau gris et le pantalon de nankin, en marche avec cet habit, avaient aussi leur mérite, l'un, pour l'équilibre conservé sur une tête agitée par la colère, l'autre pour la solidité de ses coutures que mettaient en péril des enjambées méthodiques et visant au solennel.

Au risque d'envoyer au pied du télégraphe, ou la cage, ou l'un des deux géraniums, la grand'mère et la petite Jeanne essayèrent inutilement, à la fenêtre, un dernier appel, un dernier salut. — *Alea jacta est!* auraient dit Suétone ou Lamartine. — M. Gareau partait; il était parti.

IV

LE PETIT-FILS ATTENDU.

Dans la vie de la plupart des hommes, les jours monotones, les jours insipides comptent par centaines, et les autres, seulement, par unités. De la vient, lorsqu'après une longue existence, on veut rassembler ses souvenirs, la facilité d'être court sans rien omettre. Nous avons tous écrit, au moment de revoir un ami après des années d'absence : — Que de choses n'aurons-nous pas à nous raconter? — et, véritablement, il nous semble qu'un mois entier de conversations suivies n'y saurait suffire. Eh bien! nous en avons fait l'expérience, en moins d'une heure, tout l'essentiel était dit. Reprendre le lendemain les occupations, les soucis, et même les sottises de la veille, voilà notre lot le plus ordinaire : les répétitions ne se racontent pas; et c'est pourquoi l'histoire de notre passé n'est, en réalité, que celle d'un bien petit nombre de jours échelonnés souvent à de grandes distances sur le chemin fuyant derrière nous.

Une de ces journées si rares dont le souvenir ne s'efface jamais, allait commencer encore pour la famille Michelin. La nuit était belle, étoilée, et, dans une des chambres de la petite maison de Kerfautras, deux femmes se parlaient en baissant la voix pour ne pas être entendues de l'autre côté de la cloison.

— Non, mon enfant, disait la plus âgée des deux femmes, je ne dormirai ni peu ni prou. Pense donc ! à l'heure qu'il est le *Jupiter* est, peut-être en rade, et nous le verrons au matin ! Ah ! ma mignonne, si j'avais tes yeux de dix-huit ans, m'est avis que par cette nuit claire, je découvrirais bien un vaisseau, là-bas, aux environs du goulet. Si tu savais la peur qui me tourmentait ! Dame ! j'ai plus de quatre fois ton âge, et c'est bien trop pour attendre. Le cher petit gars ! je le vois toujours avec ses couronnes et ses beaux livres de prix ! Au collége, à l'école navale, partout, n'a-t-il pas été au premier rang parmi les plus savants et les meilleurs? Il a eu des protecteurs, c'est vrai, à commencer par M. Gareau ; mais, en bonne foi, ces protecteurs, à quoi les doit-il, si ce n'est à son mérite? Cet enfant-là sait tout faire, même des chansons dont les unes ne se peuvent chanter que d'une voix bêlante et pleureuse, pendant que les autres ont de si plaisants refrains qu'en les écoutant ton père s'éclaffait de rire. Et puis, tandis que ses

camarades du..... comment s'appelait-il ce vaisseau-
là?... Ah! du *Scipion;* tandis que ses camarades du
Scipion chopinaient, faisaient tapage, menaient la
vie du marin tinton tintaine, lui, déjà rangé comme
un chérubin, tondait sur ses appointements d'élève
de seconde classe deux ou trois pièces rondes, par
chacun mois, pour ravitailler un peu sa famille. Ce
sont des choses à noter par le temps qui court où
toutes ces jeunesses arrosent de vins fins leurs aiguil-
lettes, sans s'inquiéter du pot-au-feu de papa ou de
maman. Pauvre chéri! avait-il hâte d'avoir sa cabine
à lui tout seul avec son épaulette d'officier! Un poste
d'élèves! comme il le montrait dans ses lettres, et
comme il en parlait, il y a trois ans! Mais c'est à n'y
pas tenir pour un jeune homme qui veut travailler!
Enfin, grâce à Dieu, le voilà enseigne de vaisseau;
et c'est moi pourtant, moi l'ancienne servante à
madame Frique qui suis sa grand'mère!... Bonne
sainte Anne, comme les voisines et les connaissances
ouvriront des yeux admiratifs, en voyant la mère Michelin au bras d'un bel officier en grand uniforme!
Attention à te distinguer en m'aidant dans ma toilette, car je veux faire honneur à mon cavalier. Du
reste, sans avoir jamais été jolie, j'ai toujours eu de
la mine sous ma cornette à petits tuyaux. Il faut bien
un peu représenter, par égard pour l'épaulette d'Arsène et la satisfaction de ses chefs. Tiens, tu me
trouveras, peut-être, trop hardie dans mon radotage
de bonne femme, mais je parierais ma tabatière con-

tre une demi-douzaine de coups de poings solides appliqués en plein museau, que notre gars commandera un jour une escadre; qu'il sera, au moins, vice-amiral.

A ce bavardage intarissable, Jeanne ne répondait que tout juste assez pour donner un aliment nouveau à d'autres discours. Cédant à l'impatience de son aïeule, la jeune fille se leva deux fois, sans succès, au clair de lune, et aux premières lueurs du matin, pour examiner la rade.

— Il y a du brouillard, assurément, disait la grand'-mère : à la joie qui danse dans mon cœur, je sens qu'il est arrivé.

— Je crois le sentir aussi, répondait Jeanne; et je n'éprouve qu'un regret, c'est que mon bon frère n'ait qu'un mois ou six semaines à passer au milieu de nous, après quatre années d'absence.

— Ah! oui, reprenait l'aïeule avec un soupir, c'est une pitié! et, encore, le pauvre agneau, dire qu'il lui faudra loger ailleurs que chez nous! Quel dommage de n'avoir pas sous la main une chambre de plus, une chambre mignonne, proprette, où je l'entendrais, comme autrefois, marcher dès le point du jour, où je lui porterais son café, où je brosserais ses habits et lui rendrais mille petits services qu'il recevra là-bas d'un caquet-bon-bec, toujours en éveil sur le profit, et quêtant pour sa paroisse. A la vérité, M. Gareau, chargé de la location, assure que Kerfautras est trop loin du port, et qu'un palais hors des remparts ne vaudrait pas pour le gars un taudis en ville. Je n'aime pas ce mot de taudis; il sonne vilainement, même employé par manière de rire, et j'aurais voulu juger par mes propres yeux de la commodité d'un logis qui, possible, n'eût pas été plus mal choisi par la grand'mère que par le parrain. Les pieds me grillent de savoir ce qui en est. Ces hommes ont tant d'oubliance dans un arrangement quand ils sont laissés tout seuls à leur ânerie naturelle! Une femme, ça connaît les ruses et le fin du fin! ça vous évente les tromperies empanachées de belles apparences; mais eux, la plupart du temps, ils ne savent rien que s'embourber lourdement au piége où la fourberie veut les conduire. Décidément, il n'est pas trop tôt d'y veiller. Aussitôt levée, je verrai M. Gareau; je verrai la chambre; je verrai l'hôtesse ou la dame, comme ils l'appellent aujourd'hui que tout le monde en veut du monsieur et de la madame.

Le jour parut, et, avec le jour, à peu de distance du vaisseau-école, le navire tant désiré. Ce fut Jeanne qui l'aperçut la première.

— Regardez par ici... là... de ce côté, — dit-elle à la mère Michelin qui mit aussitôt la tête à la fenêtre, son bonnet de nuit posé de travers sur ses cheveux blancs: La pauvre vieille aurait bien voulu regarder, mais il lui fallut y renoncer pour le moment : ses pleurs coulaient trop abondamment pour qu'il lui fût possible de rien voir.

— Michelin! Michelin, cria-t-elle d'une voix suffoquée par l'émotion ; venez, et si vous ne pleurez pas, vous verrez Arsène !

Elle ne dit pas : Vous verrez le navire d'Arsène, le *Jupiter*, non, pour elle c'était mieux que le navire, c'était Arsène lui-même, deviné, senti, vu à l'horizon.

Un amour profond, un amour sans borne a de ces mystères.

Le serrurier accourut.

— Enfin, dit-il, nous allons l'embrasser encore. Quel bonheur que son vaisseau soit venu désarmer à Brest, quand sa première destination était Cherbourg ! Jeanne, vous avez de la chance, Denis et toi ; ce contre-ordre va permettre à notre garçon d'assister à votre mariage, car nous l'avancerons de quinze jours exprès pour lui.

— Oh ! oui, quel bonheur ! répondit la jeune fille en sautant de joie, et en courant autour de la chambre comme une petite folle.

— Il faut bien la connaissance que j'ai de la bonne conduite de Denis et de son ardeur au travail pour me décider à vous marier sitôt, continua le serrurier en accompagnant ces paroles d'un baiser plein d'affection.

— Bah ! bah ! dit l'aïeule, on n'est jamais trop jeune pour être heureux : ces enfants-là se convenaient comme le raisin à la vigne. Quelle noce nous allons avoir maintenant qu'il est arrivé ! Ah ! pour le coup, il nous fera des couplets du premier choix ! Et dire qu'il sera là devant nous, levant son verre, tendant son assiette, jasant avec les uns et les autres, et souriant surtout à sa vieille grand'mère !

Le père et la fille échangèrent un signe des yeux.

— Toujours lui ! murmura la dernière avec plus d'attendrissement que de jalousie.

— Pensez-vous qu'il tarde à descendre à terre ? demanda la bonne femme, en ajustant la cornette brodée qu'elle ne mettait ordinairement qu'au moment de sortir. Le cotillon brossé soigneusement, la forte chaussure aux pieds annonçaient aussi des intentions fort peu sédentaires.

— Je pense que nous avons tous d'abord besoin de déjeûner, répondit Michelin, et qu'ensuite il s'écoulera peu de temps avant qu'une personne de ma connaissance n'ait dirigé sa promenade du côté de la Pointe, pour s'assurer si quelque embarcation ne se détache pas du *Jupiter*.

La Pointe ! ah ! qui ne connaît, à Brest, ce rendez-vous des vieux marins et des commères de la race matelotte ! C'est là que circulent les nouvelles du port, de la rade, des voyages les plus lointains, et que des yeux qui ne liraient pas deux mots sans lunettes, ont la prétention de distinguer à plusieurs lieues de distance telle frégate de telle frégate, tel vaisseau de tel vaisseau. Avec un air important et affairé qu'il faut avoir vu, les femmes y font et défont les réputations des gens de mer, exaltant les uns jusqu'à l'enthousiasme, dénigrant les autres jusqu'au délire. Un vocabulaire particulier, une langue à part, et dans laquelle deux muses, expiant l'honneur de donner leurs noms à des navires de guerre, deviennent brutalement la *Trente-six-Corps* et la *Belle-Paumelle;* un dictionnaire trempé d'eau salée donne à ces conversations quotidiennes une animation pleine d'attraits. Malheureusement, à la Pointe comme partout ailleurs, le plaisir n'est pas sans inconvénients : vraies ou fausses, les nouvelles y circulent du matin au soir, et, dans le nombre, il en est de lamentables. C'est ainsi qu'apprenant, sans préparation, le naufrage du vaisseau où son mari était maître d'équipage, une pauvre jeune femme éprouva un tel saisissement qu'elle en mourut quelques jours après. La semaine suivante, des renseignements plus complets auraient empêché ce malheur : les naufragés avaient tous été recueillis par un navire dont l'arrivée était annoncée, à Brest, comme très-prochaine.

Si la mère Michelin avait trop à faire dans sa maison pour devenir jamais une des habituées de la Pointe, on la voyait pourtant, un tricot en mains, se diriger, de temps à autre, de ce côté, pour causer avec Mariette Blanchet, du *Jupiter,* de la Chine et des Chinois. Le navire d'Arsène, longtemps retenu à Wampoa, près de Canton, n'avait à son bord que deux Brestois, le jeune enseigne, et Blanchet, le maître-coq, le reste de l'état-major et de l'équipage appartenant au port de Cherbourg. Rien ne lie plus vite deux cœurs aimants qu'une communauté de soucis et d'espérances; c'était le cas de Mariette et de la grand'mère, aussi ces deux femmes qui, les deux premières années du voyage, ignoraient chacune l'existence de l'autre, n'attendaient-elles que le hasard d'une rencontre pour se rechercher ensuite jusqu'à l'arrivée du vaisseau où le mari de celle-ci et le petit-fils de celle-là partageaient la même fortune. Maintenant encore, dans l'agitation joyeuse qui ne la laissait plus un instant à la même place, la bénédiction et l'exclamation sans cesse à la bouche, après Michelin, après Jeanne, il fallait aussi à l'aïeule madame Blanchet. Le déjeûner dépêché en double et le fils parti pour son atelier, la bonne vieille n'eut donc rien de plus pressé que d'achever sa toilette pour se rendre à la fameuse Pointe, où l'impatiente épouse du maître-coq était, sans doute, en faction, matinale comme le soleil.

V

VISITE A M. GAREAU.

Mais en traversant la ville, il fallait passer, d'abord, devant la maison du maître de langues, et là, les doutes de la nuit, relativement à l'*hôtesse* revenant à la mémoire de l'aïeule, une petite halte était de rigueur.

M. Gareau, avec des rides de plus et des cheveux de moins, couché plutôt qu'assis dans un bon *Voltaire*, cadeau de fête de ses élèves, dissimulait sa maigre personne sous les plis d'une robe de chambre, assez vaste pour vêtir convenablement deux grenadiers. N'ayant entre Shakspeare et lui qu'un verre de lunettes, il analysait, pour la millième fois, peut-être, les beautés poétiques d'*Hamlet*, de *Macbeth* ou de *Richard III*. Couronné d'un bonnet grec du plus beau vert pomme, et perdu dans les profondeurs d'un vêtement rayé de vert pistache et de vert bouteille, son visage osseux n'avait rien gagné sous le rapport de l'éclat du teint depuis l'époque où le chapeau gris, l'habit bleu, la cravate aux couleurs jeunes et pimpantes l'encadraient d'une façon plus avantageuse. Au petit coup frappé à sa porte, le maître de langues interrompit sa lecture par une invitation à entrer.

— Ah! c'est vous, grand'mère! dit-il en grimaçant un sourire; justement, j'ai là pour signet, au 4ᵉ acte de *Cymbeline*, une lettre d'Arsène, reçue avant-hier seulement. Il y a un petit mot pour vous, et, malgré mon rhumatisme, je devais me traîner, aujourd'hui, jusqu'à Kerfautras pour vous le communiquer. Attendez! j'aurai bientôt trouvé le passage.

— Voyons cela, s'il vous plaît, cher monsieur Gareau, car le temps presse! Ne savez-vous pas que le *Jupiter* est en rade.

— Bah! il est donc entré cette nuit?

— Cette nuit ou ce matin, c'est tout comme, et voilà pourquoi s'il s'agit de préparatifs à faire...

— Non, au contraire; Arsène ne veut entendre parler d'aucun dérangement. Attendez, voici son épître, et vous allez voir vous-même :

« Il y a des situations fort embarrassantes : posi-
« tion oblige, et dans l'intérêt bien entendu de mes
« parents... »

— Ah! diable! nous n'y sommes pas, c'est plus loin... Écoutez maintenant :

« ..... Dites à ma famille qu'à peine à terre, je pren-
« drai la route de Kerfautras; mais qu'ignorant
« l'heure où je pourrai quitter le vaisseau, je de-
« mande en grâce que personne ne vienne au-devant
« de moi. Mon père et ma sœur, quelle que soit leur
« impatience pleine de tendresse, comprendront cela
« tout de suite; et si je vous prie d'insister, c'est uni-
« quement pour ma bonne grand'mère. Peut-être se-
« rait-il prudent aussi de glisser une courte explica-
« tion sur le nom de Kerénor que j'ai cru devoir
« ajouter au mien. Mon père n'y verra, sans doute,
« qu'une marque de respect pour la mémoire de ma
« mère qui était une Kerénor. Dans le Midi, et
« d'autres parties de la France, on ajoute ainsi, sou-
« vent, le nom maternel au nom de son père. Cela
« distingue les familles portant le même nom et, ce-
« pendant, étrangères entre elles. Il y a, m'a-t-on dit,
« plusieurs Michelin sur les cadres de la marine, et
« c'est aussi pour ne pas être confondu avec eux que

« je signe maintenant Michelin-Kerénor. J'aurais le
« droit d'employer la particule, les Kerénor, bien que
« tombés dans la pauvreté, étant incontestablement
« de race noble; j'aurais ce droit, et l'idée ne me
« vient pas d'en user. Faites-le remarquer chez moi,
« afin qu'il n'y ait pas de malentendu. Au surplus,
« je m'en rapporte, sur tout cela, à votre sagesse et
« à votre connaissance des hommes. »

— Vous comprenez, n'est-ce pas? continua M. Gareau : sur ce dernier point il ne s'agit d'autre chose que de respect filial, et d'une précaution pouvant avoir son utilité. Quant à la recommandation que vous fait Arsène de l'attendre en paix au lieu de venir à sa rencontre, elle se justifie d'elle-même. Mieux vaut patienter une heure de plus, et ne pas donner en spectacle à tous les passants sa joie, ses embrassements, ses larmes. Cache ta vie, nous dit un ancien; et, pour ma part, le conseil m'a paru si bon à suivre que pas un indifférent ne peut se vanter de m'avoir vu le mettre en oubli, même aux époques les plus critiques de mon existence.

La mère Michelin n'écouta point ces dernières paroles. Une pensée unique remplissait son cœur.

— Ainsi, s'écria-t-elle le rire aux lèvres et dans l'épanouissement le plus complet, il sait qu'à son arrivée, il sera plus facile de retenir à la maison son père et sa sœur que sa vieille grand'mère! Ah! que c'est toujours là mon petit pigeon bien-aimé prévoyant tout, devinant tout, lisant au fin fond de l'âme!

rendant à chacun ce qui lui est dû! — Michelin se plaignait souvent de son air songeur quand, portant à pleins bras, livres, couronnes, nous le ramenions du collége, à travers les rues, et qu'on disait en le regardant : Ce n'est pourtant que le fils d'un ouvrier! — Dame! je savais bien répondre à son père qu'un arbre chargé de fruits n'a pas la mine hautaine et évaporée de celui qui ne pousse que des branches folles. Il ruminait déjà en lui-même, notre cher trésor, ses idées hâtives et ses réflexions précoces, sachant que la nuit on prend les anguilles. Pauvre chat! que c'est bon à lui d'avoir voulu m'épargner la course! Voyez-vous cela? les autres, on les retiendrait, mais grand'mère, oh! c'est difficile! Cher monsieur Gareau, relisez-moi le passage avec pauses et quelque lenteur : c'est si joli et aimable à entendre!

M. Gareau relut la première partie des recommandations de son filleul, et la satisfaction de la mère Michelin parut augmenter encore.

— Le guignon, reprit-elle en serrant les poings, c'est de laisser un pareil amour aux soins d'une hôtesse, qu'il vous plaise ou non de l'appeler madame n'importe qui, ou madame n'importe quoi! N'a pas qui veut, en naissant, une maison à soi, disait, en se carrant, l'escargot à sa famille. Vous connaissez bien l'histoire? Madame Frique vous l'apprenait au coin du foyer où, pour nous chauffer, le soir, nous brûlions de la suie et des copeaux. Comment supposer alors que la jeune servante et le petit ramoneu....

Une exclamation brutale interrompit ces réminiscences d'un passé qui n'avait rien d'attrayant pour M. Gareau.

— Mille tonnerres! s'écria-t-il avec un juron des mieux accentués, ne vous ai-je pas déclaré cent fois que rien ne m'était plus désagréable que vos histoires de madame Frique et des ramoneurs de Quintin!... Il y a des choses dont il est bien de parler et d'autres qu'il faut savoir se taire à soi-même : dans les souvenirs comme partout, le triage est indispensable; on doit conserver le bon et se débarrasser du mauvais. Si quelqu'un vous a fait du bien, ne l'oubliez pas; mais si quelqu'un vous a fait du mal, oubliez-le, et cela le plus tôt possible. Eh bien! ce que je dis des personnes, je le dis des choses et du sort en **particulier**. Le sort, aveugle qu'il est, a eu, d'abord, des torts envers moi; mais ces torts, du moment qu'ils ont été réparés depuis, je les pardonne, je ne m'en souviens plus. Les sots (ils sont nombreux ici et partout), les sots appellent souvent renier son passé, ce qui, en réalité, n'est qu'un acte de réconciliation avec la fortune. Je suis ce que je suis, et non pas ce que j'ai été : le présent, voilà l'important, le réel, et ce n'est point quand je souffre déjà d'un rhumatisme, qu'il peut me convenir d'affliger encore ma mémoire en l'occupant, sans raison, de blessures, de chagrins vieux de plus d'un demi-siècle.

La protestation énergique du maître de langues avait déconcerté la mère Michelin.

— Faites excuse, répliqua-t-elle d'une voix un peu altérée, chacun a sa mode, sa manière ; et, vrai, je puis vous assurer, pour mon compte, que la souvenance des jours de misère, bien loin de me peiner aujourd'hui, me ravit plutôt en reconnaissance et dévotion. Ces jours navrés, calamiteux, où la tête se fend à chercher comment on pourra nouer les deux bouts, qui les donne, sinon le bon Dieu, libre, assurément, de choisir pour nous entre la richesse et la pauvreté !... Je pouvais fort bien n'en connaître jamais d'autres, et pas du tout, j'ai rencontré, plus tard, un mari solide au travail, j'ai vu mon fils prospérer un brin, mon petit-fils mieux encore. C'est le contentement qui me pousse à me rappeler d'où la Providence m'a tirée pour arriver là. Oublier nos peines ! mais comment y parvenir sans oublier pareillement les secours reçus d'en Haut, les fardeaux portés à deux, entre la maîtresse et la servante, entre le mari et la femme, entre la mère et son fils, fatigue et consolation faisant, avant tout, la grande amitié ?... Et puis, les chagrins instruisent ; ils nous rendent meilleurs et plus sages : on le voit bien à la moins-value de ceux qui ont commencé la vie trop commodément. Du reste, ils auront leur tour, les pauvrets ! Qui a bu trop de vin, boira de l'eau comme un poisson, disait quelqu'un de ma connaissance, et peut-être aussi de la vôtre.

— Est-ce uniquement à cette dame et au plaisir que vous avez à en parler que je dois l'honneur de votre visite? demanda le maître de langues.

La vieille femme vit bien que l'entretien avait duré trop longtemps au gré de M. Gareau, et que le désir de celui-ci était de le faire cesser. Sans montrer aucune humeur, sans paraître mécontente, la grand'mère se leva de la chaise qu'elle occupait, et répondit qu'elle aurait aimé à jeter un petit coup d'œil sur la chambre d'Arsène pour s'assurer s'il n'y manquait rien. Une étrangère, ça ne pouvait avoir l'idée d'une foule de choses, et personne autre que la mère Michelin, personne, pas même Jeanne, n'était au courant des goûts et des manies du jeune marin. Une bonne petite causette avec l'*hôtesse,* aurait, pour le bien-être d'Arsène, d'heureuses conséquences. On n'était pas née d'hier, et l'on savait, à merveille, amadouer son monde pour réussir. Mais, d'abord, il fallait avoir ses entrées dans la maison, et le parrain de l'enfant chéri ne refuserait pas un coup d'épaule. A tout considérer, il ne s'agissait que d'aller ensemble prendre un petit air de bureau, sous couleur de l'arrivée du garçon. Quelques pas dans la rue voisine et la mise en train de la causette, voilà ce que demandait à M. Gareau sa vieille amie; et ce n'était pas, disait-elle, la mer à boire.

M. Gareau avait aussi quitté son fauteuil, et vert de la tête aux pieds, y compris les lunettes et les pantoufles, on eût dit, à son air embarrassé, maussade, presque rageur, un affreux lutin ne sachant trop comment échapper à la brusque sommation d'un exorciste. Sur son front jauni, des rides nouvelles venaient s'ajouter à la collection déjà nombreuse; ses prunelles erraient çà et là, ses lèvres minces le devenaient plus encore. Le nez en l'air et les mains derrière le dos, il parcourait la chambre, clopin clopant, passait, repassait devant l'aïeule, et ne paraissait, en aucune façon, vouloir abréger le discours prolixe de celle-ci. Évidemment, il avait besoin de réfléchir avant de répondre.

Voici comment il le fit après un silence qui dura bien cinq minutes; silence employé à secouer la tête d'un air profond, à se croiser les bras sur la poitrine avec une lenteur imposante, à se camper en face de la mère Michelin, dans toute la majesté d'un homme assez bien posé pour se passer de parler avec clarté et justesse.

— Sérieusement, dit-il, les paroles que je viens d'entendre m'étonnent au-delà de toute expression. Faut-il préciser? faut-il déchirer les voiles? Non, la prudence s'y oppose, et mieux vaut distinguer entre le fait matériel, blessant pour moi, et votre intention, sans doute excellente. Vous me proposez une démarche, et cette démarche, qui vous paraît simple, est pleine de dangers. Ah! qu'il est à regretter que vous n'ayez jamais lu Shakspeare, ou même Wycherley, Falquhar, John Tobin! Il y a, comme cela, une foule de choses qui échappent faute de lecteurs, et, alors, on ne sait, en des circonstances délicates, comment s'expliquer le refus d'un vieil ami! Mère Michelin, je suis un homme franc, et je vous en donne la preuve. Suivez bien le fil de ma pensée ! Pour les raisons majeures que je viens de vous soumettre, non, je ne puis vous suivre ; non, je ne peux céder à vos sollicitations ; non, je ne puis encourager aucune entrevue lorsqu'il s'agit de vous et de l'estimable dame qui, je vous l'ai vingt fois répété, n'est point une hôtesse vulgaire. Vous ai-je convaincue des inconvénients de votre projet ? Je l'ignore, mais, dans tous les cas, vous me comprenez, et je n'ai plus qu'à vous saluer, à vous serrer la main, à vous féliciter d'être l'aïeule d'un brave officier, votre orgueil, l'orgueil de son père et de sa sœur, le mien aussi, puisque je suis son parrain, et que son élévation est mon ouvrage.

Il n'était pas sans habileté, après tant de divagations étourdissantes, de finir par le souvenir d'un service rendu. La grand'mère n'avait rien compris ni au fil de la pensée, ni aux raisons majeures du maître de langues. Il le voulait bien ainsi. Le refus était assez clair ; le reste gagnait à l'être moins.

Ne sachant comment répliquer à ce qu'elle n'entendait pas ; humiliée peut-être de son ignorance, de son défaut de sagacité, la bonne vieille se contenta de pousser un gros soupir, en s'excusant de nouveau. M. Gareau, satisfait, cette fois, la rassura généreusement, et poussa la politesse jusqu'à lui prendre le bras pour l'aider à descendre l'escalier. Un pareil acte de condescendance méritait mieux que l'accident qu'il faillit occasionner. Embarrassé dans les longs plis de sa robe de chambre, M. Gareau trébucha, et sauta, du coup, quatre marches, entraînant derrière lui sa tremblante compagne. Au cri perçant que jeta celle-ci, l'alerte fut dans toute la maison : les portes s'ouvrirent avec fracas, les voisins se précipitèrent en tumulte. — Une explication verbeuse édifia, bientôt, chacun sur ce qui venait d'arriver. Puis, tandis que la grand'mère, la toilette un peu en désordre, s'éloignait, après force révérences, M. Gareau revint à son grand fauteuil pour méditer sur l'inconvénient assez rare d'avoir un tailleur trop prodigue de son étoffe.

La Fontaine devait être dans les mêmes dispositions d'esprit lorsqu'il écrivit la fable : *Rien de trop.*

Le maître de langues ne continua point la lecture du poëte anglais; non, il demeura pensif un instant, et reprit ensuite l'épître d'Arsène qu'il parcourut d'un regard rapide.

— Six semaines, dit-il en se parlant à lui-même ; c'est long à passer; et si, comme le veut Michelin, on devance l'époque fixée pour les noces de Jeanne, quel contre-temps !... Voyez-vous tout ce cortége en petits bonnets, en vestes, en paletots, trottinant sur le pavé, et montrant presque au premier rang, comme le dessus du panier ou la bête curieuse, le frère de la mariée, notre bel enseigne, tenant sous le bras quelque couturière? Je me figure le malaise du pauvre officier rencontrant ainsi, dans les rues de Brest, ses amis de l'état-major du *Jupiter,* où, seulement, le premier élève de marine venu, portés comme ils le sont presque tous à la raillerie !... Quelle histoire pour la dunette, ou, mieux encore, pour les bals de la Préfecture ! Et la bonne mère, avec sa cornette, son grand châle orange ; la bonne mère, si fière de son gars, si disposée à promener partout son pigeon, son chou, son minet, comme elle le nomme, sans se douter un instant du ridicule de ces tendresses de nourrices !... J'aurais pu obvier un peu à cela dans le temps : Michelin ne l'a pas voulu ; et c'est tant pis pour toute la famille. A la vérité, j'ai rendu à mon filleul un service autrement sérieux en le faisant attacher, maintenant, au port de Cherbourg. C'est de loin qu'il doit aimer ses parents, et que ceux-ci jouiront, sans lui faire un trop grand tort, de son avancement, de ses succès. Ici, pas de mariage possible pour ce pauvre Arsène ! Quelle jeune fille, élevée avec soin, ayant des habitudes d'élégance, de bonne compagnie, consentirait jamais à s'entendre appeler ma poulette par maman Michelin ; et, surtout, à subir devant telle ou telle de ses compagnes l'humiliation des récits sur madame Frique ?... Il ne faut pas y penser ; ce serait du délire, et personne ne le sent mieux que le principal intéressé. Il souffre, ce jeune homme ; cela se devine dans ses précautions pour retenir ses parents chez eux, à son arrivée ; pour éviter, en public, l'accolade de son intrépide grand'mère. Ai-je réussi à la persuader ? Ce n'est pas très-sûr ! Au reste, je ne pouvais rien de plus, pour le moment, sans risquer de gâter l'avenir par un orage domestique dont il est plus sage de ne pas prendre la responsabilité. D'ailleurs, tout vient en son temps, et je n'ai jamais aimé à précipiter les choses. Que dit Shakspeare dans *Henri VIII :* — « Un excès de vitesse peut nous emporter au-delà du but, et nous faire manquer le prix de la course. »

VI

AVANT ET APRÈS.

M. Gareau avait eu raison de douter du succès de sa lecture et de ses explications. Repoussée avec perte en ce qui concernait l'inspection de la chambre louée pour Arsène, la mère Michelin revint plus complaisamment, peut-être, au désir de justifier par l'événement les tendres prévisions de son petit-fils. Le voir, l'entendre, l'embrasser une heure plus tôt; lui prouver, en se présentant tout-à-coup à la cale la Rose, qu'il n'avait pas trop présumé de son empressement sans égal, quel bonheur ! et comment se l'interdire, surtout quand les recommandations du jeune homme n'étaient, évidemment, que l'effet d'une pieuse inquiétude pour une femme âgée, supposée à tort faible à la fatigue ? Tout en cheminant vers la Pointe célèbre, où la femme du maître-coq, entourée de quatre ou cinq commères, racontait la dernière campagne de son mari, sur la frégate l'*Air mignonne*, la grand'mère appelait de tous ses vœux une chance favorable avant l'heure fixée pour son retour au logis. Bruyamment accueillie par toutes les dames composant la réunion, sous la présidence de Mariette Blanchet, la mère de l'officier, comme on la nommait toujours à la Pointe, par déférence, tira son tricot de sa poche, et, pour la première fois de sa vie, au lieu de parler, écouta.

Inutile de dire que son premier soin avait été de se faire indiquer, d'une manière certaine, le *Jupiter*, et que les mouvements de la rade occupaient surtout son attention. Sa bouche ne s'ouvrait que pour demander, de temps en temps, à la femme du maître-coq, le secours de ses yeux exercés à découvrir, souvent à des distances prodigieuses, un canot en mer. Mariette, alors, interrompait ses discours, se levait, fronçait les sourcils, et la main gauche arrondie devant l'œil droit en guise de longue-vue, elle secouait la tête en déclarant qu'elle ne voyait rien venir. L'aïeule recommençait ses questions un instant après, et notre amie d'enfance, madame Barbe-Bleue, n'attendait pas avec une anxiété plus réelle les réponses de la sœur Anne, en vedette sur le haut de la tour.

Dans une famille laborieuse où l'on vit de son travail, chacun a sa tâche particulière. Michelin donnait tout son temps à son atelier; Jeanne cousait du matin au soir, et la grand'mère, encore robuste et alerte, s'occupait du ménage et de la cuisine. Rentrer à point pour préparer le repas était, dans les habitudes de la bonne femme, une obligation tellement sacrée, que, sur ce chapitre, sa conscience ne lui reprochait aucun manquement. Or, la matinée avançait ; le moment de la retraite approchait avec une effrayante vitesse, et le regard perçant de madame Blanchet ne découvrait autre chose qu'un peu de mouvement à bord du vaisseau. La mère Michelin plia son tricot, et, se disposant à partir, contempla une fois encore l'étendue qui la séparait de son petit-fils.

— Ainsi, murmura-t-elle, rien ne m'a réussi ce matin, et je vais rentrer à mon chez moi toute penaude ! Plus libre de vos moments, vous le verrez, vous, Mariette, et vous le reconnaîtrez à sa fière dégaîne, à ses yeux comme on n'en a pas. Si vous ne craignez point d'arrêter une épaulette à son débarquer, approchez bellement, et si vous voyez mon pauvre gars regarder de côté et d'autre, histoire de chercher quelqu'un, dites-lui que j'étais ici, rongeant mes doigts à l'attendre. Il serait bon de le rassurer mêmement sur la santé de son père et de sa sœur, car, m'est avis que, dès qu'on peut lui donner la volée, on a tort de tenir en cage une bonne nouvelle.

— C'est pourtant bien dommage ! répondit madame Blanchet, la main en fonction devant l'œil interrogateur.

— Oh! oui, bien dommage! répétèrent en chœur les autres commères en imitant le geste et l'action de la femme du maître-coq.

La mère Michelin hésitait lorsqu'une exclamation soudaine partit, à la fois, de cinq ou six gosiers différents.

— Un canot!

L'aïeule d'Arsène ne proféra pas une parole : on la vit seulement se signer et remuer les lèvres avant de retourner s'asseoir sur le tertre devant la rade.

Il fallait du temps au canot avant de toucher la terre, et midi n'était pas loin. Midi! est-ce que la grand'mère y songeait maintenant? est-ce qu'il y avait, dans le monde entier, autre chose que ce bateau qui portait Arsène?

Oh! combien de cœurs ont ainsi battu devant un point à peine visible dans l'espace, un point qui se rapprochait lentement, grossissait, devenait un être chéri, bercé sur les vagues! Quel moment que celui où les formes deviennent distinctes, où le doute n'est plus possible, où le regard vole au-devant de l'objet aimé! Un peu plus tard, on le voit mieux; on se parle, on se presse la main, on s'embrasse; n'importe, rien ne laisse au fond du cœur un souvenir aussi vivant, aussi délicieux que la contemplation première du bonheur qui vient à nous ; du bonheur qu'on devine et qu'on va saisir, du bonheur participant à la fois de la possession et de l'espérance.

Mais le poste d'observation ne suffisait plus à

l'aïeule d'Arsène, il fallait se rendre plus bas pour assister à l'arrivée du canot. Ce canot était monté par des officiers, par le commandant ; le pavillon qu'il portait ne pouvait, là-dessus, laisser aucun doute. Mariette comptait sur l'un des rameurs pour causer de son mari, et ce motif n'eût-il pas existé pour elle, que la curiosité toute seule l'eût conduite, avec la grand'mère, à la cale la Rose. Les autres femmes suivaient également, avides de tout voir, de tout entendre, et très-disposées à s'attendrir sur *l'ancienne de Kerfautras* et son officier.

L'ancienne de Kerfautras était hors d'elle-même, et tandis que ses compagnes se tenaient tranquillement assises sur un mât de navire, elle allait et venait le long de la cale, le bonnet froissé, et rappelant trop bien l'aventure de l'escalier de M. Gareau, le châle orange éblouissant tous les yeux, et flottant au vent. Un bruit sourd, un bruit régulier attira bientôt son attention : c'était le bruit des rames, frappant et fendant la mer un peu houleuse.

— Le voilà ! le voilà ! cria la vieille femme au comble de l'allégresse, le doigt tendu vers un beau jeune homme, dont le regard distrait parcourait l'entrée du port. Courir à quelques pas du canot en appelant Arsène, en agitant son mouchoir, ce fut pour la mère Michelin l'affaire d'une seconde. Tous les officiers l'entendirent, et tournèrent en même temps les yeux de son côté. Ils virent alors, non-seulement le châle orange, mais aussi le pavois déployé par la bonne femme, et qui, suivant la remarque d'un lieutenant assez facétieux, témoignait de relations trop fréquentes avec le contenu de la tabatière. Un éclat de rire général accueillit la plaisanterie du lieutenant; un seul homme ne rit pas, et celui-là, le dernier resté dans le canot au moment où l'on débarquait, détourna la tête et devint d'une pâleur livide.

— Arrivez donc! lui dit le commandant de l'air le plus amical; et, pour l'attendre, tous les officiers s'arrêtèrent.

Pendant ce temps, la grand'mère se rapprochait encore du canot, suivie, à distance, d'un groupe bariolé qui lui formait, avec plus ou moins de discrétion, une garde d'honneur. Obéissant de la manière la plus machinale à l'ordre du commandant, l'enseigne sauta sur la cale, et se trouva, aussitôt, serré dans les bras de la mère Michelin.

Comment raconter le reste?

Arsène qui, depuis son enfance, n'avait eu pour son père et pour son aïeule que des paroles de respect et de tendresse; Arsène, au milieu de ses camarades les plus dissipés, toujours prêt à s'imposer des privations pour aider les siens, pour augmenter leur bien-être; Arsène, si exact, si affectueux dans ses correspondances avec sa famille; Arsène, enfin, qui, dans ses rêves d'avenir, n'oubliait jamais la petite maison de Kerfautras, aurait donné, maintenant, dix années de sa vie pour échapper aux caresses que lui prodiguait sa grand'mère. Il l'embrassa néanmoins, bien qu'avec contrainte, et s'arrachant ensuite de l'étreinte passionnée qui cherchait encore à le retenir :

— Commandant, dit-il en se tournant vers celui-ci, une excellente femme qui m'a élevé...

Et, d'un ton plus bas, il ajouta : Une fidèle servante !

Revenant ensuite à la mère Michelin qui l'avait trop bien entendu, il l'embrassa de nouveau, et, les yeux baissés, d'un accent presque inintelligible :

— Oh! grand'mère, murmura-t-il, pardonnez-moi ! Ce soir, je vous reverrai, et je vous expliquerai tout.

Cela dit, il passa la main sur son front pour essuyer la sueur qui coulait sur son visage, et rejoignit les officiers dont quelques-uns suivaient ses mouvements avec une certaine défiance.

Tous s'éloignèrent du côté du quai Tourville, Arsène marchait d'un aussi bon pas que les autres, et la mère Michelin, qui fit cette remarque, eut encore la force de s'assurer qu'il ne retourna pas la tête une seule fois.

La vieille femme était pourtant écrasée par la douleur, et dans un état voisin de la démence. Après la disparition de son petit-fils, elle jeta les yeux vers le bas de la cale où Mariette Blanchet et ses amies causaient gaiement avec les rameurs.

— Bon ! dit-elle ; restées en arrière pour laisser passer les uniformes, elles n'ont pu l'entendre, et les voilà présentement plus occupées de ces marins que de moi. Allons plus loin avant de pleurer ! Je ne veux pas de questions qui m'ôteraient tout mon courage, ou qui m'inviteraient à mentir.

Et dans l'intention de remonter vers le cours d'Ajot pour regagner Kerfautras, en traversant le château et passant devant les casernes, elle prit à la hâte le chemin montant derrière le parc à boulets. Sa marche, que précipitait une ardeur fiévreuse, n'avait rien qui trahît le poids de l'âge et du plus amer chagrin. Fuir, se cacher, éviter les regards curieux et les questions indiscrètes, voilà son unique désir, et ce désir lui donnait des ailes.

Elle arriva ainsi sur la hauteur, et là ses yeux rencontrèrent, au loin, sur la rade, le vaisseau que tout à l'heure, ils cherchaient avec tant d'amour. A cette vue, son cœur se gonfla, et ses larmes coulèrent abondamment. A bout de forces, il lui fallut chercher un coin solitaire pour y reprendre haleine avant de continuer sa route pénible. Couchée, repliée sur elle-même, à deux ou trois cents pas du tertre qu'elle occupait peu d'instants auparavant avec Mariette et les autres femmes de marins, elle couvrit sa tête de son tablier, et s'abandonna sans contrainte à ses pensées douloureuses.

— Une fidèle servante ! Oh ! oui, et quelle autre aurait mis toute son âme comme elle l'avait fait dans les soins à donner à son cher enfant ! — Pauvre femme du peuple, travaille et travaille encore; use tes jours dans les fatigues incessantes pour gagner ou pour contribuer à gagner le pain d'un fils; use tes nuits à le veiller dans ses maladies, à languir de ses souffrances, à mourir, en quelque sorte, à toutes les menaces de mort rêvées dans ses yeux éteints ou sur son front décoloré; tremble, frémis à l'idée d'autres menaces non moins effrayantes quand il faut braver les périls du contact des inconnus, des liaisons hors de la famille; pleure, gémis, frappe ta poitrine et crie vers le ciel à la première faute qui te semble grave, et dont ta foi s'épouvante; demande à Dieu d'expier à sa place, d'acheter par les sacrifices les plus cruels son innocence ou sa conversion; fais tout cela, sois mère, dans l'étendue que donne à ce nom une pauvreté sainte; et souvent, hélas! souvent, tu n'obtiendras de ce fils ni une estime assez haute pour saluer dans ton indigence un titre d'honneur; ni une affection assez grande pour t'épargner un chagrin au prix d'un mot dédaigneux, au prix d'un sarcasme échappé, peut-être, à des sots qu'il déteste ou qu'il méprise!

Perdue dans les réflexions que nous ne faisons qu'indiquer, la mère Michelin demeurait immobile à la même place, sans songer un seul instant aux inquiétudes que devait causer, à Kerfautras, sa longue absence. Il fallut l'accent d'une voix bien connue pour les lui rappeler.

— Ma mère, au nom du ciel, que faites-vous ici?.. Mais Jeanne est dans un tourment! Sans la nécessité de tenir la porte ouverte, puisque vous pouviez rentrer d'un instant à l'autre, elle vous eût cherchée avec moi. Voyons, pourquoi vous cacher, et ne pas répondre ! Ma mère, parlez donc à votre fils ! Ma mère, est-ce que vous pleurez ?

— Oh ! si je pleure !... répondit la pauvre vieille en laissant tomber le tablier qui voilait ses larmes.

Michelin recula : l'altération des traits de sa mère fit courir dans ses veines un frisson glacé.

— Ainsi, dit-il d'une voix sourde, le navire est là, et je n'ai plus de fils.

La mère Michelin fit un effort pour étouffer ses sanglots.

— Non, dit-elle, il vit; je l'ai vu, et vous le verrez vous-même ce soir.

— Ce soir !... Mais, alors, pourquoi ce chagrin ?

— Oui, ce soir, reprit la vieille femme en se levant tout-à-coup; ce soir, continua-t-elle en s'appuyant fortement sur le bras de l'ouvrier, à l'heure avancée où l'on peut se glisser sans être reconnu de personne dans une maison de fréquentation mauvaise ! En plein soleil il ne l'oserait plus... Car, entends-le bien, mon garçon, il rougit de sa famille ! J'attendais là, tout près du canot, où je le voyais entouré de gros messieurs, et je suffoquais de joie à la seule idée de l'embrasser. Mon Dieu ! que j'étais heureuse en le tenant serré dans mes deux bras, comme je l'ai tenu tant de fois petit et meilleur ! — Le commandant regardait, d'autres officiers regardaient aussi, et lui, le malheureux, il eut honte de la vérité. Ce qu'il dit, oh ! je m'en souviendrai jusqu'au dernier jour ! — Messieurs, une excellente femme qui m'a élevé ; une fidèle servante ! — Voilà tout, Michelin ; et je l'ai vu s'en aller ensuite, sans regarder en arrière, sans revenir sur ses pas pour s'assurer si je n'étais pas morte d'un pareil coup.

Les yeux de Michelin lançaient des éclairs, et son front, ses lèvres, tous ses traits contractés par une émotion violente avaient quelque chose d'effrayant. Il saisit la main de sa mère, et la couvrit de baisers.

— Et vous dites qu'il est vivant? s'écria-t-il ; non, j'avais raison de le penser tout à l'heure : il est mort ; je n'ai plus de fils ! Le misérable dont vous parlez n'est pas mon enfant... Qu'il vienne ce soir ou demain, je saurai préserver la maison de la servante du nouvel affront qu'il nous prépare en osant encore se présenter devant nous.

La colère du serrurier rendit la mère Michelin à ses sentiments naturels. L'idée d'une rupture possible entre le père et le fils ne lui était pas venue un seul instant à l'esprit, et maintenant que cette rupture semblait imminente, elle regrettait amèrement le premier épanchement de sa douleur. Elle essaya de réparer le mal, du moins en partie, en appuyant sur les mots confus qu'Arsène avait murmurés à son oreille, et même en donnant à ces paroles une portée qu'elles n'avaient pas. L'ouvrier l'écoutait à peine : le cœur de sa mère lui étant trop bien connu pour qu'il pût ajouter beaucoup de foi à ces dernières confidences. Il la laissa donc parler tant qu'elle voulut, et demeura silencieux jusqu'au moment où n'étant plus qu'à vingt pas du télégraphe, il se retourna vers la rade, et dit en montrant du doigt le *Jupiter:*

— Si nous avions appris, il y a quelques jours, le naufrage de ce navire, quel n'eût pas été notre chagrin? Eh bien, ma mère, retenez ceci : Arsène est, en effet, plus perdu pour vous, plus perdu pour moi que s'il était mort dans un naufrage.

La mère Michelin comprit, en ce moment, l'inutilité de ses tentatives pour incliner au pardon le cœur de son fils. Un gémissement à demi-étouffé fut sa seule réponse. Jeanne, éperdue, accourait, à la rencontre de son père et de son aïeule. On rentra; et bientôt la petite maison de Kerfautras, si gaie, quelques heures auparavant, témoigna une fois de plus de l'instabilité de notre bonheur, comme de la vanité de la plupart de nos espérances.

VII

CONFIDENCES MUTUELLES.

Il marchait donc d'un pas aussi ferme que jamais, et sans retourner la tête pour regarder derrière lui !
— Oui, mais la grand'mère ne pouvait compter les

battements de son cœur, et lorsqu'il se trouva seul montant l'escalier de M. Gareau, elle ne put voir sa contenance changer tout-à-coup, son pied chanceler, sa main se cramponner à la rampe comme l'eût fait la main d'un vieillard cherchant un appui pour se soutenir. Au coup timide frappé à la porte de son parrain, celui-ci ne l'eût jamais reconnu. Il entra, et l'altération de ses traits, unie à l'incohérence de ses premières paroles, vint ajouter encore à l'étonnement du maître de langues.

— Que dites-vous, Arsène! lui demanda le vieillard, dont les doigts tremblants laissaient en même temps échapper le livre de son auteur favori.

Le jeune homme couvrit son visage de ses mains, et répondit qu'il venait de commettre une action honteuse.

M. Gareau doutait qu'il eût conservé l'usage de sa raison.

— Une action honteuse! répéta le petit-fils de la mère Michelin; j'ai répondu à l'amour le plus dévoué par un outrage: j'ai été ingrat; j'ai été menteur; j'ai été lâche!

Le parrain devina ce qui venait d'arriver.

— Eh bien! s'écria-t-il, que la faute retombe sur celle qui l'a provoquée si follement! Les voilà bien les parents! dès qu'un pauvre jeune homme a pu s'élever en dépit de mille obstacles : dès qu'il est parvenu à se créer une position sortable, ce n'est pas assez des sacrifices qu'il consent à s'imposer en secret pour secourir sa famille, il faut, en outre, qu'il fasse la courte échelle à toutes les vanités groupées autour de lui par une chance mauvaise ! Que voulait cette femme imprudente ; que voulait cette femme obstinée, sinon....

Arsène ne le laissa pas achever, et un éclair d'indignation dans les yeux :

— Arrêtez, monsieur ! arrêtez ! et n'ajoutez pas à mes torts de nouvelles injustices !... Ma grand'mère ne voulait qu'une chose, me prouver une fois de plus son affection ; et moi, j'ai pu dire, au moment même où je sentais encore sur mes joues ses larmes de joie, de tendresse : Une femme qui m'a élevé, une servante ! — Je veux croire que ce dernier mot, elle ne l'a pas entendu ; mais le reste aura bien suffi pour lui briser le cœur. Non, n'essayez pas de me justifier en accusant la victime de ma faiblesse ! Voyez, seulement, en faisant la part de l'opinion souvent si légère, si disposée à s'attacher au dehors, à mesurer sa considération moins à la valeur personnelle qu'aux hasards de la naissance et de la fortune ; voyez si je suis absolument sans excuse et tâchez ensuite d'apaiser mon père, de consoler mon aïeule. Impossible de me présenter à Kerfautras avant une explication. Or, qui pourrait me servir dans une circonstance aussi pénible, si ce n'est vous ?

L'agitation nerveuse de M. Gareau ne le cédait guère en violence à celle du marin. La tête basse, contre sa coutume, et les mains derrière le dos, il avait recommencé sa promenade autour de la chambre. Sans répondre à la prière de son filleul, il revint à son fauteuil, redressa de la main droite un reste de cheveux gris, tendit la main gauche pour commander le silence et l'attention, et cela de l'air d'un homme qui, après y avoir mûrement réfléchi, a pris, enfin, une résolution héroïque. Il usa pourtant de quelques circonlocutions :

— Arsène, demanda-t-il d'un ton sec, connaissez-vous Andersen ?

Le jeune homme répondit qu'il n'avait jamais entendu prononcer ce nom.

— Tant pis pour vous, répliqua le maître de langues. Andersen est, aujourd'hui, un des écrivains les plus ingénieux du Danemark.

En ce moment, le petit-fils de la mère Michelin se souciait fort peu des auteurs danois. Le parrain reprit, les yeux fixés sur la cendre du foyer, et presque à voix basse :

— Dans un tableau charmant, Andersen nous montre à l'aube du jour, au-dessus des toits d'une grande ville un enfant dont on aperçoit, d'abord, la petite tête, puis la moitié du corps, les mains reposant sur le rebord d'une cheminée. Parvenu pour la première fois de sa vie à cette hauteur, le jeune garçon domine toutes les rues, toutes les places, découvre au loin la forêt, assiste au lever du soleil, dont le disque rond éclaire sa figure radieuse de bonheur. Un mouvement d'orgueil le saisit. Toute la ville peut me voir maintenant, s'écrie-t-il en brandissant son balai ; et la lune peut me voir, et le soleil aussi !

— Eh bien ? demanda l'officier de marine, très-indifférent aux premières impressions d'un petit ramoneur.

— Eh bien, continua M. Gareau, donnant toujours à sa voix la sourdine confidentielle, il y a dans les souvenirs d'un homme qu'il est inutile de nommer une page identique à celle-ci. Cet homme, dans son enfance, a réellement été... enfin, il a vu, mainte et mainte fois, toute une ville au-dessous de lui. Sa figure plaisait ; son babil enjoué plaisait encore mieux ; et voilà qu'un jour un célibataire ennuyé s'arrangea de payer à la famille une somme égale à ce que rapportait le... le travail dont je parlais, heureux de se procurer à si peu de frais une distraction agréable. Assez instruit, il se chargea lui-même de l'éducation de l'enfant qui était trop intelligent pour donner à la bonne volonté de son maître un très-grand mérite. La dix-septième année arriva : le protecteur exigeait de la soumission, de la déférence ; il faisait valoir, outre mesure, les petites sommes versées aux parents, d'autres dépenses insignifiantes et largement compensées par la société qu'il avait acquise. Cet homme, fatigué de son isolement, on l'avait occupé, diverti, mais bah ! il y a des gens qui ne sont reconnaissants de rien ! Le croiriez-vous, Arsène ? un jour, ce fut lui qui parla d'ingratitude, et, là-dessus, tout naturellement, on se brouilla. D'abord, je crus y gagner, le père, les frères, les sœurs étant toujours après moi comme autour du vieux garçon, demandant ceci, demandant cela. Hors de Quintin, je m'imaginais pouvoir échapper en même temps aux exigences de toutes sortes, erreur naïve que je reconnus bientôt. J'occupais d'abord, à Dinan, à Saint-Bricuc, différents petits emplois; puis, j'entrai dans le professorat, et je vins habiter Rennes. Partout je fus distingué par mes chefs, par mes collègues; mais, partout aussi, je fus poursuivi par mon père ou quelqu'un de ses enfants. J'avais cru prudent de rompre avec eux, ne leur devant rien en définitive... Ah! mon ami! j'avais compté sans la ténacité bretonne, et je m'en aperçus tardivement. Irrités, piqués au jeu, les uns et les autres mirent un acharnement incroyable à me poursuivre. Au moment où je m'y attendais le moins, au coin d'une rue, sur une place publique, une invective m'annonçait la présence d'un parent. Je tins bon jusqu'au jour où, conduisant à la promenade une cinquantaine d'écoliers, une scène inqualifiable, aggravée par les applaudissements de mes élèves, me mit dans l'obligation de changer à la fois de profession et de résidence.

M. Gareau avait besoin de reprendre haleine, mais il aurait pu parler beaucoup plus longtemps sans courir le risque d'être interrompu par son auditeur. Celui-ci, la rougeur au front, éprouvait une humiliation véritable d'avoir provoqué par sa conduite une révélation de ce genre. Ainsi, les sentiments les moins honorables avaient, maintenant, le droit de s'étaler devant lui sans redouter le contrôle ; assurés, en quelque sorte, d'un assentiment intéressé ! Toujours absorbé dans la contemplation des cendres, le maître de langues ne s'aperçut point de la confusion du jeune homme, il poursuivit donc après un instant de silence :

— J'étais à Brest depuis quatre ou cinq ans, et toutes les circonstances se réunissaient pour me promettre un brillant avenir, quand mon père me découvrit encore une fois, et m'adressa de nouvelles menaces. J'avais obtenu dans les bureaux de la préfecture maritime un emploi passablement rétribué ; je donnais des leçons d'anglais, de français à quelques jeunes gens ; enfin, actif et d'humeur serviable, je m'étais fait des amis, des obligés, une réputation d'homme heureux autant que disposé à rendre à chacun de bons offices. Cela me valut une affaire d'or. Un industriel de ma connaissance convoitait un vaste terrain qui touchait à son usine, et dont le propriétaire, pour certaine rivalité de voisinage, s'était montré, jusque-là, tout-à-fait inabordable. Mon ami vint me trouver, et fit appel à mon obligeance reconnue pour aplanir des difficultés qui, dans un délai fort court, pouvaient amener sa ruine. Je fis ce qu'il désirait, et je plaidai sa cause avec chaleur.

« Non, cent fois non, répondit le propriétaire opiniâtre ; à moins de vingt mille francs rien de fait, j'entends avec lui. »

J'insistai sur l'exagération de ce prix pour un bien qui ne valait pas dix mille francs; je parlai de modération, d'esprit de justice, quand celui qui m'écoutait me dit tout-à-coup :

« Vingt mille francs pour lui, je n'en démords point; mais si le terrain vous convenait, je réduirais de moitié la somme. Voyez! vous avez sans doute des économies; et, du reste, je pourrais attendre le temps qu'il faudrait. »

J'étais à cent lieues d'une pareille proposition, et, bien entendu, je l'acceptai sans débat.

Ah! me dis-je à part moi, si mon ami veut encore de ce terrain, il le paiera cher!

Il en voulait; il fallait bien qu'il en voulût; je le savais par lui-même; aussi, ce ne fut pas vingt mille francs qu'il dut me compter quelques jours plus tard, mais bien trente mille. Il était furieux, et ce fut même à l'amertume de ses plaintes arrivées, par le plus fâcheux des hasards, jusqu'à ma famille que je dus ma dernière rencontre avec mon persécuteur. Figurez-vous un homme couvert de haillons qui vous apostrophe à la porte d'un théâtre, vous nomme son fils, prend les passants à témoin de sa misère et de ce qu'il ose appeler la dureté de votre cœur!... Il ne dit pas ce qu'avait fait, ou plutôt ce que n'avait pas fait pour moi sa paternité, l'abandon dans lequel il m'avait laissé sur la rue, exposé à tous les accidents comme à tous les vices; non, ce qu'il voulait, c'était m'humilier assez pour obtenir de moi des sacrifices.

Je m'y résignai tristement, et les trois quarts des profits que j'avais faits sur l'acquisition et la nouvelle vente du fameux terrain furent employés, pendant plus d'un quart de siècle, au service d'une rente viagère destinée à payer la pension d'un vieillard dans un hôpital. Maintenant, Arsène, vous comprendrez mieux pourquoi votre situation m'intéresse d'une façon toute particulière. D'autres, sans doute, pourraient ici prendre parti contre vous; moi, je me rappelle, dans des circonstances à peu près semblables, le tremblement convulsif qui parcourait tous mes membres; et si j'accuse quelqu'un, ce n'est pas, ce ne peut pas être celui qui souffre ce que j'ai souffert.

Le jeune officier était plus calme, et cependant, ce fut encore avec une certaine animation qu'il repoussa la comparaison que M. Gareau voulait établir. Ces reproches bruyants et cupides, ces injures et ces menaces d'un homme grossier, ne ressemblaient en rien aux démonstrations affectueuses de la mère Michelin. Quant au serrurier et à sa fille, ils avaient l'un et l'autre une dignité naturelle en opposition complète avec la sottise et la vanité qui s'imposent. Arsène, après sa faute, devait plutôt craindre ce que l'on connaît déjà, c'est-à-dire qu'à l'avenir son père ne l'écartât sans miséricorde au lieu de le rechercher.

— Allez à Kerfautras, continua-t-il, et dites-leur bien avec l'accent de la vérité, qu'ils ne m'ont jamais été plus chers qu'en ce moment. Ne cherchez pas à me justifier; faites seulement qu'on me plaigne, et qu'on me pardonne. Si vous le pouvez, adressez-vous d'abord à ma sœur, à mon aïeule même, et conjurez-les de s'unir à vous. J'ai tant besoin d'appui pour apaiser le ressentiment de mon père ! Vous le connaissez ! J'ai rougi de sa mère ; à son tour, il aura rougi de moi. Pensez-vous qu'il consente à me recevoir, à m'entendre? Parlez de ma surprise, de mon étourdissement en présence de collègues dont pas un ne soupçonnait la condition véritable de ma famille. Entre une offense réfléchie et l'effet d'un premier mouvement, il y a de la différence. Prévenu de la rencontre qui m'attendait, j'aurais pu m'y préparer comme y préparer les autres, et tout le monde eût été content. Il y a d'ailleurs, des situations délicates, un peu pénibles qu'il serait bon d'accepter. Le mystère n'ôte rien à l'affection, au contraire ; et pour dire à ses parents combien on les aime, les oreilles curieuses sont de trop. Ne pourrait-on se voir tous les jours dans l'intimité du foyer, et s'éviter quelquefois, sur la place publique? Il y a, sans doute, un moyen de concilier les nécessités fâcheuses qui, devant témoins, m'imposent une certaine réserve, et mon respect pour des liens dont j'ai souvent béni la douceur.

M. Gareau secoua la tête.

— J'ai bien peur, dit-il, que cela ne soit plus inconciliable que vous ne cherchez à vous le persuader. J'essaierai pourtant, et tout à l'heure.

— Eh bien, vous me permettrez d'attendre ici votre retour. Oh! si vous pouviez m'apporter d'heureuses nouvelles !

Le parrain eut bientôt fait sa toilette. Il sortit assez embarrassé de sa mission que les recommandations contradictoires du jeune homme rendaient, en effet, très-difficile.

Il revint bientôt. La sœur, la grand'mère étaient absentes. Michelin, lui-même, ne l'avait écouté qu'avec impatience et dédain.

Qu'est-ce qu'un repentir sans réparation sérieuse ? qu'est-ce qu'un amour sans courage, sans virilité ? Du courage ! en fallait-il tant, d'ailleurs, pour avouer la parenté d'un honnête homme et d'une femme comme la mère Michelin ? Tous les artifices du langage ne pouvaient déguiser deux choses : dans le passé, l'affront fait à la grand'mère; dans le présent et l'avenir, le désir de n'être fils qu'à ses heures, en secret, à huis-clos. L'autorité paternelle n'admet point ces accommodements. Il faut qu'on la reconnaisse au grand jour ou qu'elle sévisse par le bannissement du malheureux qui voudrait la déshonorer par des concessions dégradantes.

— Qu'il parte, avait dit l'ouvrier, et sans chercher à revoir aucun de nous sous peine d'emporter avec lui ma malédiction. Il a voulu devenir pour les siens un étranger; qu'il soit satisfait, il l'est devenu. Vous me demandez une parole moins dure au moment où nous allons nous séparer, et cette parole sera mon dernier conseil. Dites-lui donc d'y regarder à deux fois maintenant avant de songer à devenir le chef d'une famille. Si plus tard, il avait un fils ; s'il le caressait, s'il l'aimait, comme je l'aimais et le caressais lui-même, il y a vingt ans, qu'il sache que Dieu est juste, et que ce fils pourrait bien, un jour, venger ma mère.

M. Gareau transmit fidèlement à son filleul cette réponse décourageante.

— Après tout, lui dit-il, une réconciliation n'était pas, ici, trop à désirer. Une fois la première impression passée, je gagerais qu'au lieu de souffrir de votre isolement, vous en reconnaîtrez vous-même les avantages. Les Michelin ont du bon, et je comprends vos regrets au moment de rompre avec eux; cependant, songez-y bien, et que ceci vous console : A l'avenir, vous vous appartiendrez tout entier ! A l'avenir, vous serez libre.

Le démon devait avoir quelque chose de cet accent lorsqu'invitant la femme à manger du fruit de l'arbre de science, il ajouta :

— Et vous serez comme des dieux !

Arsène fit un geste d'improbation ; mais il n'osait regarder en face le tentateur, et ses yeux baissés annonçaient déjà sa défaite.

VIII

LES ADIEUX DE LA MÈRE MICHELIN.

Trois jours s'écoulèrent. Arsène avait pris congé de son ancien commandant; et bien qu'il eût obtenu un délai de plus d'un mois avant de rejoindre, à Cherbourg, le navire où il devait embarquer en qualité de lieutenant de vaisseau, il se disposait à quitter Brest. Ses malles étaient faites, sa place arrêtée à la diligence; il n'avait plus qu'à partir. Cependant, une heure lui restait à dépenser, heure éternelle au gré de son impatience. Une fois éloigné, dans l'impossibilité matérielle de courir à Kerfautras pour y solliciter le pardon de son père, il espérait échapper enfin au malaise qui le torturait si cruellement. Seul, dans sa chambre, il allait et venait d'un pas indécis; ouvrait sa porte, ouvrait sa fenêtre, parcourait des yeux la rue, jetait un regard sur le palier comme s'il attendait quelqu'un. Ce n'était pas un commissionnaire : quelles que soient les préoccupations ordinaires d'un voyageur, jamais l'idée d'un bagage à faire emporter n'a causé une agitation pareille. La crainte, le désir ou plutôt un sentiment unique, un sentiment indéfinissable, participant du désir et de la crainte, remplissait son cœur. Il se disait qu'après la triste scène de la cale, sa grand'mère ne viendrait pas, qu'elle ne pouvait plus venir, et, cependant, ô mystère ! il l'attendait ! Tout-à-coup, au moment où il se penchait une dernière fois sur le balcon, il vit sortir de l'ancienne église des Carmes une femme qui se dirigea de son côté. Les épaules de cette femme n'étaient point couvertes du châle orange ; non, ses vêtements de couleur sombre ne pouvaient attirer l'attention de personne, et c'était pourtant la mère Michelin. Qu'on y prenne garde, même dans le vêtement, autant la joie aime à se produire, autant la douleur aime à se cacher.

Arsène ne respirait plus. Autour de la vieille femme, qui marchait d'un pas rapide, la rue était entièrement déserte. La présence d'aucun témoin ne gênait, en ce moment, le jeune officier, et ce fut avec un élan de joie qu'après s'être assuré que son aïeule venait en effet chez lui, il se précipita dans l'escalier pour voler à sa rencontre. En le voyant descendre, elle s'arrêta à la première rampe, et parut l'interroger du regard, avant de se décider à monter plus haut.

Ce regard, Arsène le voyait pour la première fois: il avait moins de douceur que de fierté ; moins de tendresse que de sévérité, et de défiance.

Le jeune homme s'arrêta lui-même, interdit.

— Venez, s'écria-t-il en joignant les mains ; oh ! venez vite écouter ce que j'aurais voulu vous dire beaucoup plus tôt ! Je connais mes torts envers vous, et je les déplore. Vous sauriez cela si mon père n'avait renvoyé sans l'ouvrir la lettre où je vous suppliais tous de me conserver un peu de votre ancienne affection.

Êtes-vous seul? demanda la mère Michelin, et cette question si simple fit aussitôt monter la rougeur au front de celui qui l'entendait. Ce fut donc avec embarras qu'il répondit affirmativement.

— Eh bien, conduisez-moi dans votre chambre, répliqua l'aïeule. Vous allez partir dans une heure, et je ne suis venue ici que pour vous parler.

Arsène lui présenta le bras pour l'aider à gravir les marches, mais elle refusa de s'y appuyer.

Ce refus, joint au *vous* glacial, augmenta la confusion du jeune homme. Tous les deux montèrent l'escalier, et se trouvèrent dans la chambre sans avoir prononcé une parole de plus. La clef était à la serrure; avant de consentir à prendre un fauteuil, la grand'mère ferma la porte à double tour.

— Vous voyez, dit-elle, que j'ai conservé la coutume de chercher votre contentement. Personne ne saura que je suis ici, et nous pouvons causer un bout de temps sans qu'il y ait pour vous ni surprise ni mortification d'aucune sorte.

Arsène n'osa réclamer : il aurait voulu répondre que la précaution était inutile ; qu'il ne craignait point d'être vu avec son aïeule ; mais comment, aujourd'hui, se faire écouter et croire? Pour cela il eût fallu retrouver, par un miracle, au fond du cœur si douloureusement blessé par lui, la confiance, chose unique dans sa douceur ; la confiance ailée, harmonieuse, aspirant toujours en haut, et qui une fois morte, une fois éteinte, ne renaît point comme l'oiseau de la fable.

Le coude appuyé sur la cheminée, et la figure à demi-cachée dans ses mains, il demeura morne et silencieux.

La grand'mère reprit :

Votre père ne veut plus vous voir ; il dit que son fils est mort : que l'enfant qui survit n'est pas le sien, et c'est pour ma vieillesse une grande affliction et une grande frayeur. Si vous paraissiez ainsi, l'un et l'autre, séparés, désunis, devant le bon Dieu, que penserait-il de vous et de moi ? Que n'aurait-il pas à me reprocher, pour n'avoir pas avisé à vous réconcilier bel et bien quand il était encore temps ? Dame ! J'ai moi-même, au commencement, agi de travers par trop d'amitié, fermant les yeux quand j'aurais dû les tenir ouverts, cachant au lieu d'avertir ; disant : Ce n'est qu'un peu de gloriole, d'enfantillage, sans penser que nos défauts, en prenant de l'âge avec nous, nous suivent dans notre croissance et de petits deviennent grands. Pour dire les choses comme elles sont : A douze ans on est tout chagrin, tout sot de porter un vieil habit, et, dix ans plus tard, on méconnaît sa famille. Dix ans ? je me trompe ; il a fallu beaucoup moins, car je vois bien présentement que, même au collége, lorsque nous étions si fiers, Michelin et moi, d'entendre un chacun applaudir notre garçon, celui-ci regrettait déjà dans son cœur malade d'être à nous, plutôt qu'à de plus huppés. Le mal est fait, et comme le disait un jour ma chère maîtresse, à propos du boulanger qui lui vola ses mitaines : Le fruit que je croyais sain s'est trouvé piqué par un ver. Arsène, laissez-moi finir ; et prenez en patience une pauvre vieille qui vous fatigue aujourd'hui pour la dernière fois. Dans une heure, vous passerez en diligence devant la maison de votre père, eh bien, n'oubliez pas que si vous avez jamais la sagesse d'y revenir en fils soumis, respectueux, humilié de sa faute, et voulant l'effacer comme il convient, vous ne m'y retrouverez plus. Le voyage que vous allez faire ne durera pas moins que le dernier. Reviendriez-vous aussitôt après à Kerfautras que j'aurais alors quatre-vingts ans, ce qui ne se peut avec le chagrin que j'ai. Si je suis morte, et je le serai, voyez la facilité ménagée à votre faiblesse ! Michelin n'est qu'un ouvrier, c'est vrai, mais il en sait long, tient partout sa place, et Jeanne est quasiment de sa trempe pour la finesse de l'esprit, la bonne mine, le beau naturel. Moi, c'est différent ; je n'entends mie aux usages et comportements du monde ; je vais lourdement et sans règle en mon parler, prêtant à rire anx gausseurs. La honte, la voilà pour vous, et c'est pourquoi j'ai voulu vous rappeler mon âge avant de vous demander une promesse. Quand la grand'mère aura couché son corps épuisé sous l'herbe du cimetière, et qu'elle ne pourra plus humilier personne, jurez-moi que vous reviendrez sans retard à Kerfautras, y faire la paix avec votre père et votre sœur.

La mère Michelin allait continuer; mais découvrant son visage baigné de pleurs, Arsène se tourna vers elle, et répéta deux fois d'une voix suppliante

— Oh! grand'mère! grand'mère!

Ce gémissement, ce cri bouleversa trop la vieille femme pour qu'il lui fût possible de conserver plus longtemps des apparences de froideur.

— Mon enfant, dit-elle d'un ton plus doux, tu pleures, et, pour la première fois de ma vie, je suis contente de te voir pleurer. C'est une manière de promesse, n'est-il pas vrai? et plus tard, à ton retour.....

Arsène essuya ses larmes, et parut se consulter un moment. Il s'approcha de la fenêtre, jeta dans la rue un regard plein d'hésitation, et revint à son aïeule, qui l'observait en silence.

— Oui, murmura-t-il avec effort, à mon retour, je vous le promets.

La grand'mère avait lu, d'abord, dans ses yeux, une pensée meilleure : celle de différer son départ, et de la suivre, à l'instant, à Kerfautras. Michelin, sans doute, refusait de voir son fils; mais il est des refus et des menaces qui s'éteignent devant une résolution généreuse.

— A mon retour, répéta l'officier de marine d'une

voix plus ferme ; et comme il crut deviner dans les yeux de son aïeule un nouveau regret, il poursuivit avec une vivacité singulière :

— Grand'mère, vous aussi je vous retrouverai, et tout s'arrangera quand vous aurez eu le temps d'oublier mes torts. Oh! vous ne savez pas, vous ne pouvez savoir, ni vous, ni mon père, quelle est mon excuse! Figurez-vous donc! Les enfants, d'abord, et plus tard les hommes, je les voyais tous, ou presque tous, tirer vanité de leur naissance, de leur fortune ; chercher, en dehors de leur valeur personnelle, des échasses pour se grandir et s'élever ainsi au-dessus de moi qui, par le mérite, les dépassait bien souvent. Les orgueilleux ! ils parlaient devant moi, votre petit-fils, une langue insolente ; une langue dont les expressions dédaigneuses m'irritaient vingt fois le jour. Ils opposaient ce qu'ils appelaient *un homme bien né* à *un homme de rien ; un fils de famille* à *un homme sans nom ;* et cela sans paraître même s'apercevoir de l'injure faite au plus grand nombre, par ces désignations aussi arrogantes que niaises. Entré au collége, à l'école navale par la porte de l'assistance, j'avais déjà trop souffert de cette infériorité, qu'un hasard fit connaître à la plupart de mes camarades, sans révéler, moi-même, plus tard, d'autres humiliations à ceux qui les ignoraient. Il est si doux d'exciter l'envie de ses rivaux, et si amer de leur accorder quelque avantage impossible à conquérir pour soi ! Pouvais-je, d'ailleurs, les empêcher de prendre au sérieux ce que je disais dans mes vers, où, par une licence poétique assurément bien permise, je transformais notre petite maison en manoir, et le télégraphe en colombier? Le nom de ma mère aidant, tous les officiers du *Jupiter* m'ont cru gentilhomme. Je n'avais pas à les détromper, d'autant qu'aujourd'hui chacun se surfait un peu. Le petit marchand se pose en négociant, en gros bourgeois; le bourgeois achète une propriété d'un nom aristocratique qu'il se hâte d'ajouter au sien pour donner le change; l'ancienne aristocratie, souvent elle-même, ici, au milieu de nous, en Bretagne, se gratifie de titres illusoires, dont le voisin sourit un moment, mais qu'il adopte ensuite, en fermant les yeux, dans une pensée de conciliation et de réciprocité. Croyez-le bien, la fiction se retrouve partout, et si je n'ai pu me défendre d'en user aussi après tant d'autres, de ce côté le mal n'est pas grand. Le mal, il est tout entier dans la contrainte qui m'est imposée dans mes relations avec ma famille, contrainte pleine de conséquences funestes, et dont la plus cruelle était de me forcer, l'autre jour, à vous affliger, sous peine de me voir taxer de mensonge par des hommes dont quelques-uns, jaloux de mes succès, ne cherchent qu'une occasion de me nuire.

La vieille femme avait incliné la tête, et se parlant à elle-même :

— Oui, dit-elle, m'est avis que si nous étions de grandes gens, ce garçon-là serait le meilleur des fils ? Ayant moins reçu de nous, puisque la bourse arrondie, aidés ou remplacés par des domestiques, nous n'aurions eu à souffrir pour lui ni les mêmes privations, ni les mêmes fatigues, il nous aimerait pourtant davantage !... Si le monde a ces idées là, mieux vaudrait les lui laisser que de les prendre. Au lieu d'imiter les vaniteux, de mentir et de tromper suivant leur mode, parlez-moi d'un homme qui va droit son chemin, se donnant pour ce qu'il est, sans arrogance, et, cependant, portant haut la tête. Avec de l'esprit et du savoir, m'est avis que si devant un sot on n'a pas la riposte à son service, on se montre plus sot que lui. Michelin n'aurait jamais souffert un affront ; mais aussi, avec son honnête fierté, ce n'est pas lui qui eût jamais donné prise aux gouailleurs par des contes en l'air, des vanteries et des feintises. Ce qui fait entre vous la différence, il faut que tu l'entendes une bonne fois. Ton père est un homme de religion, et toi, tu n'es qu'un demi-chrétien, ayant mal commencé dans ce triste jour qui, pour tant d'autres, est le plus beau de la vie. Avant d'agir, tu regardes du côté des hommes, et Michelin du côté de Dieu. Aveugle, tu dis : — C'est mon intérêt ! — et tu vas tomber dans un piége ; mieux appris, lui, dit simplement : — C'est mon devoir ! — et pas de danger qu'il n'évite à son honneur. Ces choses, j'aurais voulu te les rappeler, non pas ici dans ce beau fauteuil, mais plus tard, la tête sur mon oreiller, après avoir reçu le saint Viatique. Tiens, approche un peu ; prends cette chaise, et donne-moi ta main que je la serre encore une fois entre les miennes, comme j'aurais tant désiré le faire à mes derniers moments. Mais non, on t'écrira quand j'aurai fermé les yeux ; tu verras le cachet noir, et tu diras seulement : — Elle est morte ! — Cette nuit, en pensant à cela, je me demandais si mon âme, avant de quitter la terre, n'obtiendrait pas du bon Dieu la grâce d'aller jusqu'à toi pour t'avertir. On assure que c'est arrivé pour d'autres qui s'aimaient bien, et personne n'aima jamais plus que je t'aime. Pourtant, j'en ai peur, il faudrait un rare mérite, une vertu que je n'ai mie, pour obtenir une telle récompense. C'est donc fini ! je ne te verrai plus qu'au ciel, au ciel où tu viendras à ton heure ; car je prierai tant pour toi, cher et malheureux enfant, qu'il faudra bien te réconcilier un jour avec le bon Dieu comme avec ton père.

L'attendrissement de l'aïeule allait croissant, et l'altération de sa voix laissait deviner les violents efforts qu'il lui fallait faire pour contenir ses larmes. Un coup frappé à la porte par le commissionnaire qui réclamait les bagages du voyageur interrompit à propos la conversation.

Le jeune homme se disposait à ouvrir.

— Un instant, dit la grand'mère avec un geste d'autorité, nous ne devons point nous quitter de cette façon : si je ne t'embrassais pas, tu ne croirais point que je te pardonne.

Tant de bonté confondait Arsène. Il plia le genou

devant la généreuse femme qu'il avait tant offensée, et reçut avec son dernier baiser sa dernière bénédiction. Ce fut elle ensuite qui l'aida à se relever, et lui rappela le commissionnaire. Celui-ci entra, et pendant qu'il s'occupait des malles, des cartons, la grand'mère passant derrière lui, se dirigea vers l'escalier. Son petit-fils voulut la suivre.

— Non, dit-elle un doigt sur la bouche, et plutôt des yeux que des lèvres.

— Mon père, ma sœur, leur direz-vous adieu pour moi? demanda tout bas le jeune homme.

Le père, la sœur devaient ignorer une démarche que le premier eût trouvée contraire à la dignité maternelle : l'aïeule fit un nouveau geste de refus.

— Mais vous, grand'mère, poursuivit Arsène avec moins de précaution, ne m'oubliez pas, je vous en conjure !

La vieille femme avait déjà descendu la première rampe de l'escalier ; elle se retourna vivement, et arrêta sur son petit-fils, resté quelques marches plus haut, le même regard qu'à son arrivée, avant d'entrer dans la chambre d'où l'envoyé du bureau des messageries sortait, en ce moment, une malle sur l'épaule.

— Monsieur, dit-elle, avec l'intention manifeste de cacher aussi elle-même devant ce témoin le lien qui l'unissait au jeune officier, monsieur, soyez tranquille, votre grand'mère saura tout et n'oubliera ni vous ni personne.

Monsieur!... Arsène ne la voyait plus, ne l'entendait plus : il était navré.

Voilà le cœur de l'homme avec ses mystères d'instabilité dans le mal comme dans le bien. Les impressions de ce cœur aussi pourraient se nommer *légion*, tant elles se montrent parfois nombreuses, diverses et contradictoires.

IX.

CORRESPONDANCE.

L'étude que nous voulons faire nous paraîtrait incomplète si avant de reprendre notre récit à une époque plus rapprochée, nous ne citions d'abord quelques fragments de correspondance entre le frère et la sœur. On retrouvera dans ces lettres les perplexités d'Arsène, cédant tour à tour et souvent à la fois, aux inspirations les plus opposées, cherchant parmi les obligations d'un bon fils à remplir celles-ci tout en négligeant celles-là. Trop faible pour accomplir un devoir en opposition avec son orgueil, le jeune homme voulait au moins reculer devant les conséques matérielles d'une rupture avec sa famille, surtout quand le traitement attaché à son nouveau grade lui permettait de l'aider plus efficacement à l'avenir. Voici comment il essaya de parvenir à ses fins dans la première épître adressée de Cayenne à Jeanne, devenue depuis quelques mois la femme de Denis Riquet.

« *Guyane française, le* 28 *mars* 1843.

« Persuadé, ma chère sœur, que notre bonne grand'-mère n'aura pu longtemps tenir secrète notre dernière conversation, je ne reviendrai pas avec toi sur un sujet qui nous est pénible. Tu peux te montrer sévère à mon égard, tu peux ne pas comprendre suffisamment que, dans une société comme la nôtre, les torts de chacun sont un peu les torts de tout le monde; mais j'en suis sûr, ce qui n'arrivera jamais entre nous, c'est la défiance, la froideur, la désaffection. Je fais donc appel à ton amitié pour me réconcilier en partie avec ma conscience pleine de trouble. Mon père ne veut plus rien recevoir de moi depuis l'événement funeste, et cependant notre aïeule vieillit, il vieillit lui-même; les besoins sans doute augmentent tous les jours. Je n'étais encore qu'un écolier, tu le sais bien, quand nous rêvions ensemble la location du joli jardin qui touche à notre petite maison, et dont les fleurs, les fruits, les ombrages excitaient l'envie de nos parents. Jeanne, tu m'as déjà deviné : ce que je ne puis faire aujourd'hui directement est encore possible. Un mot, un mot de toi, de ton mari; et la pension refusée, la pension dont je pourrais presque, au besoin, doubler le chiffre, retourne à Kerfautras, dissimulée par des mains habiles, des mains qui me délivreront ainsi d'un remords trop lourd à porter. Ma bien-aimée sœur, je ne suis pas heureux et je crains fort de ne jamais l'être : ne me refuse pas ta compassion et ton secours, dans une circonstance comme celle-ci. A toi l'amour, à toi les caresses, à toi les attentions délicates de tous les instants ! A moi seulement la consolation secrète d'avoir contribué de loin à chasser quelques soucis du toit paternel qui, peut-être, ne me verra plus.

« En attendant ta réponse, qui ne viendra jamais assez tôt au gré de mon impatience, je t'embrasse de tout mon cœur.

« ARSÈNE. »

« *Kerfautras, près Brest, le 1er mai.*

« Ta lettre, mon pauvre ami, nous a fait, à la fois, beaucoup de plaisir et beaucoup de peine. Du plaisir, en nous prouvant qu'avec un esprit malade, on peut conserver encore un bon cœur; de la peine en nous mettant, Denis et moi, dans l'obligation de t'affliger. Il faut, en effet, te résigner aujourd'hui à garder ton argent pour toi; grand'-mère elle-même, malgré toute son indulgence, n'ayant pu te pardonner sans condition. Tu dois comprendre cela sans qu'il soit besoin de te l'expliquer, et reconnaître également que nous n'avons ici aucun moyen de remplir tes intentions de manière à laisser ton nom dans l'ombre. Papa sait aussi bien que nous ce que nous rapporte notre travail; et si, par exemple, nous nous avisions de louer pour lui le jardin, il se fâcherait; il nous taxerait de folie, ou plutôt, non, il devinerait aussitôt la vérité. Te voilà donc privé de la douceur de rendre à nos parents, dans leur vieillesse, quelques-uns des soins qu'ils nous ont donnés, et c'est, je l'avoue, une rude punition. Quant aux privations que tu parais craindre, rassure-toi, notre père est encore robuste, ses journées suffisent à tous les besoins du petit ménage, et ce n'est qu'à cause de grand'mère que nous avons obtenu de lui l'autorisation d'ajouter, chaque semaine, à ce qu'il apporte, quelque chose de notre gain. S'il devenait malade, nous travaillerions un peu plus et tout serait dit. Je ne voudrais pas te rendre jaloux, surtout en te voyant triste; mais comment ne pas te parler du grand amour de mon cher Denis pour ceux que nous chérissons tous les deux depuis que nous existons? Sa jeune femme, il faut voir comme il vous la met de côté lorsque grand'mère consent à prendre son bras à la promenade! Arsène, il m'est souvent arrivé, quand, marchant à côté d'eux, je les écoutais causer amicalement, heureux d'être ensemble et fiers l'un de l'autre; il m'est arrivé de penser à toi et de regretter qu'au lieu d'aller au collége et de porter aujourd'hui l'épaulette d'or, tu ne sois pas resté l'homme de ta classe, ouvrier comme nous. Avec ton esprit, tu pouvais t'élever encore, devenir patron sans sortir de ton état, échappant ainsi aux tentations qui nous ont causé tant de mal. Sans chercher bien loin, je vois des jeunes filles parmi lesquelles tu pouvais choisir une compagne aimable, intelligente, et cependant d'une condition assez modeste pour n'avoir pas à rougir au milieu de son entourage, si, dans la famille de son mari, on entend par ci par là un autre français que le français des salons. Alors Denis serait demeuré pour toi ce qu'il était à l'époque de votre enfance, un camarade, un ami. Quelle joie de vivre tous en bonne amitié, unis dans la prospérité comme dans la peine! Rien que d'y penser, j'éprouve un serrement de cœur et je suis obligée d'essuyer mes yeux. Mon frère, n'as-tu pas fait toi-même ces réflexions, et ne crois-tu pas avec nous que M. Gareau t'a rendu, sans le vouloir, un bien mauvais service.

« Je me demande, au moment de finir ma lettre, si tu vas renoncer à ton projet, ou si, pour l'exécuter un jour, tu prendras la résolution qui seule permettrait plus tard à notre père de ne plus s'opposer à tes désirs. Est-il impossible de détruire l'effet d'une mauvaise action par une action différente, de changer de conduite après avoir mal agi?... J'ai souvent remarqué dans les rues de Brest, un capitaine de vaisseau dont le bras soutenait une femme âgée, une paysanne, sa mère sans doute. Tous les deux marchaient avec assurance et simplicité, promenant sur la foule un regard indifférent, et n'éveillant en effet à leur passage qu'une attention bienveillante et respectueuse. Peut-être cet officier te paraîtra-t-il un héros, il n'est pour moi qu'un homme de bon sens, ayant assez de confiance en sa valeur pour n'avoir besoin de cacher son origine à personne.

« Adieu, mon bon Arsène, ne t'arrête pas à ta première lettre, et souviens-toi de ta sœur qui ne cessera jamais de t'aimer.

« JEANNE. »

« *Cayenne, le 20 juin.*

« Tu me parlais, chère amie, il y a trois ou quatre mois d'une idée de mariage, et, justement aujourd'hui, j'ai quelque chose de pareil à t'annoncer. Nous avons à bord un jeune chirurgien créole qui, dès la première entrevue, s'est pris d'une grande affection pour moi. Il est habile musicien ; il a des goûts littéraires ; et le charme de sa société n'a pas peu contribué, je t'assure, à rendre moins lourds les ennuis d'une traversée prolongée par des vents contraires. Son père est un riche planteur des environs de Cayenne ; il a deux sœurs, l'une mariée ici dans la ville ; l'autre âgée de seize ans à peine, et qu'il chérit par-dessus tout. Lina, nom charmant, diminutif d'Angéline, était toujours en tiers dans nos causeries, tandis que notre navire dormait sur les vagues, et je puis dire ainsi, qu'avant de la voir, je connaissais déjà son esprit, son caractère, ses traits même,

ses traits d'une délicatesse infinie, unique. Tu vas
peut-être rire à mes dépens ; mais il faut bien te confesser que, m'en rapportant sur tous les points aux
confidences fraternelles, j'ai chanté, de confiance et
non sans quelque enthousiasme, la jolie créole de la
crique des Agamis, devenue dans mes strophes, tantôt la fleur du désert, tantôt le colibri des savanes.
Il ne s'agissait de rien moins que d'une cantate dont
je composai les paroles et mon jeune ami la musique. Je le répète, Octave Maubusson est excellent
musicien : il possède avec les dons naturels, les dons
acquis, et sa mélodie ravissante aurait fait aisément
un petit chef-d'œuvre d'un poëme encore inférieur
au mien. Ce poëme, applaudi tout d'une voix à bord
par des auditeurs qui rarement me sont favorables,
on le connut à Cayenne, on le connut à la plantation, et son auteur, trop vanté sans doute, devint un
objet de curiosité. Le *Français de France*, comme on
nous appelle ici, est bien accueilli par le Français
d'outre-mer. Je me suis donc trouvé, grâce à ces dispositions générales, et surtout à ma réputation de
poëte distingué, l'homme à la mode de la société
cayennaise qui m'ouvre à l'envi ses maisons si riantes
avec leurs galeries à jour tapissées de fleurs. Quand,
le bras d'un ami passé sous le mien, j'erre dans les
grandes allées de palmistes, dont les rameaux se
courbent en arcades pour nous ombrager, les familles que j'ai visitées dans leur intérieur me dési-
gnent à celles qui me sont encore inconnues, et les

paroles que j'entends à la dérobée me rendent fier et heureux. La nouvelle de mes succès m'avait devancé depuis plus d'un mois aux Agamis, dans la solitude d'Angéline, quand je me rendis un soir à l'invitation de son père, qui m'envoya l'une de ses pirogues pour me conduire avec Octave sur les bords de la Mana. Ce court voyage fut un enchantement. Emportés par nos rameurs noirs sur l'eau tranquille, nous admirions la sérénité d'un ciel étoilé d'où, comme à regret, la lune semblait s'exiler elle-même pour se cacher dans les forêts qui s'étendent à perte de vue sur la rive gauche, du côté de l'Occident. Les noirs chantaient suivant leur habitude, soit qu'ils descendent ou montent la rivière, et d'un accent à la fois si tendre et si plaintif qu'on eût dit la voix d'une mère, un peu souffrante, un peu triste endormant son nouveau-né. Nous cédions nous-mêmes au sommeil, bercés par les chants et par le mouvement de la barque, quand nous aperçûmes, en face de nous, un feu qui brillait au bord de l'eau. C'était une habitation d'Indiens ; et je t'assure que l'heure, le lieu, le silence donnaient quelque chose d'étrange à la flamme éclairant vaguement les carbets avec leurs hamacs tendus en divers sens, irrégulièrement, les uns plus près, les autres plus loin. Tous ces bons Indiens dormaient trop profondément pour songer à nous ; mais moi je contemplais d'un œil ravi ce tableau d'un calme si doux et si pénétrant ; ces accidents variés de clartés et d'ombres entre la rivière aux reflets mouvants et les grands bois pleins d'obscurité. Nous voguâmes ainsi jusqu'au matin, tantôt admirant la beauté des sites et tantôt rêvant, assoupis, quand la chanson d'arrivée changeant tout à coup l'air monotone qui nous avait charmés jusque-là, nous fit brusquement lever la tête. En ce moment même nous passions à l'entrée d'une crique sous une arche de verdure où des milliers d'oiseaux saluaient l'approche du soleil, tandis que la lune toujours belle dans sa pâleur, nous apparaissait une dernière fois à travers les rameaux d'arbres gigantesques.

« Ma bien-aimée sœur, je me perds dans les descriptions, et je n'aurai plus le temps nécessaire pour te parler de Lina comme il conviendrait. Ce sera donc pour plus tard; aussi bien, je dois retourner dans peu à la plantation ; et qui sait, M. Maubusson lui-même a semblé déjà me faire entendre qu'il ne tenait qu'à moi d'y rester. Ce père, on le prendrait vraiment pour un petit roi au milieu de ses nombreux serviteurs, et la passion de la mer écartant de lui son fils unique, c'est au mari d'Angéline qu'il transmettra son pouvoir avec ses sujets. Que penseriez-vous, là-bas, en attendant, des fonctions de premier ministre chez un peuple assez facile à conduire, mais qui n'a pour tout vêtement, il faut bien l'avouer, qu'un caleçon de bain? Cela demande réflexion, n'est-il pas vrai? surtout quand pour s'élever à ce rang glorieux la condition essentielle est un mariage !

« Le mariage ! il est arrangé, conclu dans l'esprit d'Octave, et certains mots échappés à la naïveté de sa sœur me font espérer qu'il est également désiré par elle. Jeanne, je ne t'ai pas encore dit combien son cœur est dévoué, combien est ardent l'amour qu'elle porte à sa famille ! Hélas ! sur ce point, ses questions m'ont fait rougir, et pourtant, malgré les apparences qui m'accusent, je connais aussi la tendresse filiale.

« Mon père ! Ah ! si tu savais combien il m'en coûte de le savoir toujours irrité ! Jeanne, malgré le refus qu'il a déjà fait de recevoir mes lettres et d'y répondre, j'écrirai peut-être dans quelques jours pour lui demander humblement comment je puis réparer mes torts et le supplier de se venger en autorisant mon bonheur. Grand'mère le sait bien, s'il eût été dans ma destinée de revenir en France, je retournais aussitôt à Kerfautras solliciter mon pardon. Tu me viendras en aide, ma bonne petite sœur ; tu m'épargneras, par ton intervention secourable, des difficultés, des embarras que j'ai lieu de redouter. Pourquoi mon père n'ajouterait-il pas aussi à son nom, en signant l'écrit, le nom de la mère de ses enfants ? Dans une circonstance comme celle-ci, ce serait à la fois un pieux souvenir et une intention touchante. Quant à la profession, tu comprends qu'il est inutile d'en parler. Il importe fort peu sans doute au planteur de la Mana que mon père manie le fer dans une forge ou sur un champ de bataille ; seulement, ici comme ailleurs, on a pris au sérieux l'histoire accréditée par mes premiers vers, et cette erreur, bien qu'involontaire de ma part à son origine, je ne puis la détruire maintenant sans nuire à ma réputation de sincérité.

« Dis à grand'mère que j'ai parlé d'elle à ma jeune créole qui l'aime déjà.....

« ARSÈNE. »

Kerfautras, le 1ᵉʳ août.

« Tes dernières lettres, mon cher ami, nous ont trouvés au milieu des appréhensions les plus tristes. Grand'mère est malade et si différente d'elle-même, depuis plusieurs jours, que nous avons perdu tout espoir de la conserver. Nous qui l'avons vue jusqu'ici sans cesse en mouvement et causant du matin au soir, nous avons peine à la reconnaître, à demi-couchée près de la fenêtre, sur les oreillers qui l'entourent dans la chaise à bras, immobile, muette, ne donnant, en quelque sorte, signe de vie que pour reporter toujours les yeux sur la mer. Effrayés d'un état aussi nouveau, nous avons tous essayé de la distraire en lui rappelant sa jeunesse, Quintin, madame Frique, les souvenirs qui l'intéressaient le plus autrefois, mais sans nous répondre, elle a détourné la tête, et soupiré.

« Un matin, pourtant, nous avons trouvé moyen de la ranimer tout-à-coup, et c'était en parlant de toi, en lisant ce que tu nous dis de la famille Maubusson et de tes projets de mariage. Ses paroles, je crois devoir te les répéter fidèlement :

« — Pauvre chéri ! s'écria-t-elle, il aura beau se tapir dans les forêts, il n'échappera mie à la punition. Il a été dit par le créateur : *Honore ton père et ta mère*, et lui, nous a méprisés, et avec nous il a méprisé la loi de Dieu. Écris, mignonne, écris vite pour lui rappeler ces choses en mon nom. Qu'il sache encore qu'avant de finir, je n'ai pas cessé de regarder la mer qui nous sépare en priant pour sa repentance, et dans l'idée vivante d'un malheur prochain. Michelinet toi vous ne croyez pas aux avertissements par rêves et songeries, et, sur ce point, Arsène, me prenant aussi en compassion, mettrait mes histoires dans l'oreille du chat. C'est fort bien ! mais là-dessus j'ai consulté, souventes fois, des gens d'expérience, et je sais, malgré vos nenni, à quoi m'en tenir. Que ce soit ceci, que ce soit cela, c'est tout comme, du moment que je t'annonce un péril avant ce mariage qui, du reste, ne se fera point. Veux-tu savoir pourquoi tous les jours, en contemplation devant la rade ou plutôt devant mon idée, hors de là je ne vois rien ? Je fais provision de foi, de confiance, pour obtenir un miracle qui permette à la pauvre vieille de sauver son cher enfant. Ne me lisais-tu pas dans l'Évangile : « Si vous aviez seulement un petit grain de foi, vous transporteriez les montagnes ?... » Moi je crois à toutes les promesses du bon Dieu.

« Arsène, je crois aussi qu'une prière comme la sienne ne peut manquer de tout obtenir. Je la vis bientôt retomber dans son silence pour n'en plus sortir qu'à de très-rares intervalles ; mais ses yeux levés au ciel, ses bras tendus vers la mer, me rappellent à chaque instant ce que je viens de te répéter.

« Papa qui, avec trop de raison, j'en ai peur, te suppose toujours dominé par ton orgueil, n'a pu se décider encore à te répondre. Il me charge, pourtant, de l'envoi que tu réclames. J'ai l'acte notarié sous la main : la désignation que tu craignais s'y trouve en toutes lettres, et le nom que tu désirais y voir n'y est point.

« — M. de Kerénor, a dit notre père, devait me connaître assez pour renoncer à l'espoir de faire jamais de moi le complice d'une fraude.

« Cher ami, c'est le langage de la probité. Oh ! je t'en conjure, comprends-le bien, et n'en choisis jamais un autre !

« Maintenant, il faut te quitter pour ramener grand'mère à son lit. Ta dernière lettre est sur ses genoux : elle aime à tenir dans ses mains un papier qui a passé dans les tiennes, bien que, ce papier, ses yeux inhabiles ne puissent le lire.

« Adieu, mon ami, adieu ! Denis t'embrasse, et fait, ainsi que moi, des vœux pour ton bonheur et celui de la jolie créole des Agamis.

« JEANNE. »

X

APRÈS LA SEMENCE, LA RÉCOLTE.

— Enfin, disait Arsène en saluant d'un geste d'allégresse une goëlette française qui venait de prendre son mouillage devant la ville de Cayenne, enfin, voici, je l'espère, des lettres, et la liberté d'arrêter, d'une manière certaine, mes plans d'avenir.

Et, comme il parlait, un canot poussa du bord, apportant à la fois sur le rivage de la colonie les nouvelles si impatiemment attendues, et une ancienne connaissance de notre lieutenant de vaisseau. C'était un collègue du *Jupiter*, un enseigne demeuré tel, et d'autant plus jaloux de l'avancement de son camarade, que celui-ci l'avait chansonné, et qu'il attribuait à l'influence maligne de couplets, en réalité fort inoffensifs, ce qu'il nommait le dédain et l'injustice de ses chefs.

Arsène courait à lui les bras ouverts; mais au lieu de l'imiter, l'enseigne recula d'un pas, et se contenta d'une froide poignée de main.

Le jeune lieutenant ne s'attendait pas à cet accueil: il avait oublié ses vers et son nouveau grade.

— En vérité, s'écria-t-il, on croirait, mon cher Verdier, à votre air de glace, que la rencontre n'est agréable que pour moi seul? Qu'avez-vous donc? Nous nous sommes pourtant quittés dans les meilleurs termes.

— Et j'espère que nous resterons dans ces termes-là, répondit Verdier d'un ton moins amical que ses paroles. Plus tard, nous causerons, monsieur Michelin; maintenant je suis chargé par le commandant d'une mission qui ne souffre aucun retard.

Et saluant de nouveau, Verdier s'éloigna.

Arsène le suivit des yeux, et bientôt son front s'assombrit.

— Pourquoi ce nom de Michelin? se demanda-t-il avec inquiétude: tous le connaissaient à bord du *Jupiter*, mais tous m'appelaient Kerénor.

Et la tête basse, les bras croisés sur sa poitrine, il continua sa promenade, à quelque distance de l'embarcadère.

Il sortit de sa rêverie à la voix d'Octave.

— Décidément, mon bien cher disait celui-ci, nous retournons dans deux ou trois jours à la plantation. J'y tiens, ne fût-ce que pour me donner le plaisir de voir un de mes cousins fou de jalousie. Pauvre Eymar! ne l'avez-vous pas remarqué roulant de gros yeux quand il est question de votre mariage avec ma sœur. Il est amusant, n'est-ce pas, dans son aversion pour vous? Je crois qu'il vous déteste encore plus qu'il n'aime Angéline.

— Un grand bonheur doit toujours se payer par quelque peine, répondit le lieutenant d'un air distrait;

j'aimerais cependant à triompher de l'éloignement que semble, en effet, avoir pour moi votre cousin: vous m'y aiderez par vos bons avis.

— Ce serait trop ennuyeux et trop difficile, répondit le jeune chirurgien. Non, non, mon ami, il faut à la mollesse du créole des services d'un autre genre, de ceux qui ne coûtent aucun effort. Parlez-moi, par exemple, de lire vos charmants vers à ma sœur, et de les commenter ensuite avec elle ! Cela va tout seul, et si vous pouviez nous entendre...

— Cher Octave, vous me confondez par tant d'indulgence, interrompit le poëte, en rougissant de plaisir.

— Mais pas du tout; vous avez réellement un talent particulier quand vous laissez parler votre cœur, et personne avant vous n'a compris, comme vous le faites, la poésie de la vie de famille. Vous regrettiez, l'autre jour, votre pauvreté lorsque mon père faisait allusion à la fortune de Lina. Mauvais plaisant ! est-ce qu'on est pauvre avec un talent comme le vôtre, et les sentiments que nous admirons en vous? N'est-ce pas, d'ailleurs, à cette absence de biens inutiles que nous devons tant de ravissants tableaux épars dans vos poèmes : le vieux soldat de l'armée des Princes, votre père, sans doute, conduisant lui-même la charrue ; la jeune fille du manoir, Jeanne, votre sœur diligente et pieuse, Marthe au logis et Marie à la chapelle; et la bonne aïeule, la châtelaine de Kerfautras !..., Ah ! me disait Angéline, en relisant quelqnes-unes de vos pages les plus exquises, jamais fils n'aima comme celui-ci ! Jamais père, jamais aïeule ne vit sa vieillesse entourée d'une vénération aussi haute, d'une tendresse aussi ingénieuse, aussi profonde !

Arsène rougissait encore, mais, cette fois, la vanité satisfaite n'entrait pour rien dans sa confusion.

Plusieurs jeunes gens rejoignirent, en ce moment, les deux amis pour causer d'un yambel annoncé pour le lendemain. Le yambel est un bal de mulâtresses où les hommes ne figurent que comme spectateurs pendant la danse ; et, de temps à autre, dans les intervalles de repos, comme distributeurs de petits verres d'anisette, toujours acceptés par les dames avec empressement. Octave promit sans difficulté d'accompagner ses compatriotes à la fête, mais Arsène, d'un caractère plus sérieux, prétexta des occupations pour s'en dispenser. Impatient, d'ailleurs, de s'assurer s'il avait, en effet des lettres, il laissa les jeunes créoles s'entretenir bruyamment de leurs plaisirs, et alla lui-même aux informations.

Quelques instants après, il avait lu la dernière épître de Jeanne, et la maladie de sa grand'mère, la pensée de la mort, le deuil prochain, sinon commencé, changeaient son inquiétude en véritable chagrin.

Il revenait aussi, avec douleur, à la signature de son père, à la déclaration loyale de l'ouvrier, si contraire à tout ce que lui, Arsène, avait laissé croire, et il demandait à son esprit humilié comment sortir sans encombre des embarras dans lesquels il s'était mis.

Ce mariage ne se fera point, avait dit l'aïeule : hélas! la prédiction pouvait se réaliser par le seul effet de l'acte émanant de l'autorité paternelle!

Après les inspirations mensongères du poète élégiaque ; après l'acceptation tacite des illusions que ces inspirations faisaient naître ; après un silence complice de l'erreur, un silence assez prolongé pour arriver, sans l'avoir rompu, à la veille des engagemenis les plus sacrés, comment se raviser tout-à-coup? comment oser risquer un aveu?

Arsène n'avait pas encore trouvé de réponse à la terrible question quand, deux jours plus tard, le frère de Lina vint le prévenir que la pirogue attendait pour les conduire ensemble aux Agamis. — Les deux amis sortirent aussitôt, et virent, à quelques pas du point où ils allaient embarquer, Eymar et Verdier causant avec une animation singulière. Une pareille rencontre n'était pas faite pour ramener à des idées moins sombres le petit-fils de la mère Michelin, et ce ne fut pas sans une vive contrariété qu'il entendit son compagnon, fidèle en cela aux habitudes hospitalières des créoles, inviter, en passant, le cousin Eymar à prendre place avec eux dans la pirogue.

— Est-ce pour assister à des noces? demanda d'un air sarcastique le rival d'Arsène. Dans l'intérêt de ma cousine, j'aurais bien quelque raison de faire, au plus tôt, un voyage aux Agamis ; mais je doute que ma compagnie soit agréable à monsieur.

— Agréable ou non, je n'ai pas le droit de la refuser, répondit avec hauteur le lieutenant de vaisseau. Celui qui vous invite n'est-il pas, à la fois, mon ami et votre parent?

— Eh bien! monsieur, il faut que ce parent, que cet ami choisisse, à l'instant, entre vous et moi! J'ai des confidences à lui faire, et vous en avez, sans doute, également de votre côté : à coup sûr, l'un de nous gênerait l'autre, et serait de trop dans la pirogue.

— En ce cas, dit Octave que les paroles de son cousin irritaient, nous aurons votre visite un autre jour. Pour le moment, mon choix est fait; et, d'ailleurs, M. de Kerénor est attendu.

— M. Michelin, reprit Eymar d'un ton de plus en plus provocateur, apprenez donc à votre ami que le nom qu'il vous donne n'est pas le vôtre.

Octave fit un soubresaut qui témoignait de son étonnement; Arsène changea de visage, et d'une voix tremblante de colère :

— Ce nom, monsieur, est le nom de ma mère; mais si votre intention est de m'insulter, je vous préviens.....

Son rival ne le laissa pas achever, et tandis que Verdier, prévoyant ce qui devait suivre, s'éloignait lentement :

— Mon intention, monsieur, répliqua le neveu du planteur de la Mana; mon intention est d'aller jusqu'au bout dans certaines rectifications qui, je vous en préviens, feront plus d'honneur à votre imagination de poète qu'à votre sincérité. S'il résulte de mes informations que votre père est un ouvrier; que votre aïeule a été servante; que serez-vous, monsieur, aux yeux d'Angéline et du monde entier, sinon un intrigant, ou, du moins, un imposteur?

— Et vous un lâche, s'écria l'officier de marine en accompagnant cette injure du geste le plus outrageant. Octave arrêta sa main prête à frapper.

— Vous me devez une réparation, dit Eymar avec un mouvement de joie féroce; je vous la demande dans quatre jours, à mon retour des Agamis, car, après ce qui vient de se passer entre nous, j'ai, là-bas, des explications à donner de ma conduite.

Le frère de Lina semblait pétrifié.

— Mais qu'est-ce donc que tout cela? murmura-t-il. Eymar, ces accusations sont le résultat de quelque erreur, et vous, Arsène, pourquoi ne pas y répondre par un démenti formel?

— Partons, partons, répéta le bouillant cousin entraînant Octave du côté de l'embarcation : vous saurez aussi comment l'on peut être, à la fois, dans ses vers le modèle des fils, et toute autre chose dans la pratique de la vie.

Arsène se tordait les mains, dans une fureur muette. Octave se tourna encore vers lui :

— Je ne partirai pas sans vous, en dépit des apparences qui vous condamnent. Il faut nous accompagner : du moment que l'on vous accuse, vous devez être là pour vous défendre.

Le petit-fils de la mère Michelin parut un moment se consulter :

— Non, dit-il ensuite en secouant la tête d'un air de découragement ; croyez tout ce que vous voudrez aux Agamis, et oubliez-moi !

Ces paroles étaient un aveu : Octave, bouleversé, anéanti, se laissa conduire dans la pirogue. Les noirs, aussitôt, prirent les avirons.

— Ramez, et lestement, dit Eymar.

— Quant à nous, monsieur, reprit Arsène en s'adressant à ce dernier, nous nous reverrons. Vous avez fixé le jour ; vous aurez aussi le choix du lieu et des armes.

Le chant des rameurs ne permit pas au lieutenant d'entendre la réponse de son rival. Les nègres chantaient une romance créole dont la pensée mélancolique répondait trop bien à la situation d'Arsène et d'Angéline, pour que le jeune homme n'en fût pas ému jusqu'au fond du cœur :

> Ou k'a crié, di l'eau oueil k'a coulé ;
> Mais ti t'a l'hor', ca blié, ou-a blié,
> Zamie, aguié ! aie ! aguié !

> Vous criez ; et l'eau coule de vos yeux ;
> Mais, tout à l'heure, vous m'oublierez, vous m'aurez oublié
> Mon amie, adieu ! aie ! adieu !

De l'indignation, des larmes, puis la séparation et l'oubli, voilà donc la fin lamentable de ce doux rêve commencé, pour Lina, dans la confiance et l'amour !

Arsène demeura longtemps pensif et désolé, sur le rivage, écoutant vaguement les sons plaintifs, même après qu'ils ne parvenaient plus jusqu'à lui ; suivant des yeux la pirogue qui apportait, à sa place, aux Agamis, l'histoire de ses fautes, sa déchéance, son bannissement.

XI

UN DUEL A L'ANCIEN VILLAGE.

Arsène, dans une de ses lettres, nous a déjà laissé voir que parmi ses chefs ou ses collègues ; quelques-uns, au moins, ne le jugeaient pas ordinairement, avec la même faveur que son ami Octave Maubusson. Un navire est un petit monde, où les ridicules ne manquent point, et ces ridicules, ces travers se sentent moins à l'aise devant l'auteur de malins couplets, ou de croquis plus malins encore. Le frère de Jeanne pouvait, à l'occasion, demander au crayon comme à la plume un amusement satirique : il l'avait fait, quelquefois, à bord du *Jupiter* ; on le savait ; et de là, l'éloignement, mêlé de crainte, qu'il inspirait à plusieurs. Son mérite incontestable, comme homme de mer, éveillait aussi des rivalités d'autant plus profondes qu'elles osaient moins se produire, de peur de réveiller, à leurs dépens, le double talent momentanément au repos. Pour se montrer au grand jour, il fallait à ces dispositions malveillantes l'occasion propice qui, malheureusement, se présentait.

Les renseignements recueillis à Brest par Verdier étaient bien faits pour donner de l'audace aux plus timides. Arsène, on s'en souvient, quitta la cité maritime, trois jours après l'arrivée du *Jupiter*; mais, derrière lui, restaient des témoins de sa rencontre avec son aïeule; des témoins étonnés, assez peu crédules, et très-disposés à recourir aux informations. La famille Michelin, perdue dans les faubourgs d'une ville populeuse, vivait, naturellement, ignorée, hors de la classe ouvrière, et tout ce que la curiosité put d'abord apprendre de deux ou trois anciens condisciples du jeune homme, c'est que, celui-ci, au collége, passait pour boursier et fils d'artisan. Cette première indication conduisit quelqu'un à chercher de nouvelles lumières auprès de Blanchet. Le cuisinier, nous l'avons dit, était de Brest; et ses relations avec plusieurs ouvriers lui donnaient les meilleures chances d'arriver promptement à la découverte qu'on voulait faire. Grâce à l'intimité de Mariette et de la grand'mère, il était impossible de mieux s'adresser. Bientôt l'information fut complète, et, sans sortir de la vérité, les faits, il faut en convenir, se présentaient ici de telle façon que les justes reproches des esprits sérieux s'unissaient aux brocards des esprits légers, pour la plus grande confusion du petit-fils de la mère Michelin.

La situation, d'ailleurs, n'était pas nouvelle : précédemment, à Brest encore, un autre officier de marine avait dit de son père : C'est mon tailleur ! — et dans une ville voisine un lieutenant-colonel d'infanterie repoussait brutalement son frère accourant, en habits de maçon, sur son passage, pour l'embrasser.

Ainsi Verdier savait tout ; et le nom d'Arsène prononcé devant lui, à la première visite qu'il fit dans un salon cayennais, lui procura la satisfaction méchante de prendre une revanche terrible de quelques couplets un peu mordants. Comme toutes les révélations de ce genre, l'histoire eut des ailes et, dès le même jour, celui qui la racontait fut mis en relations avec Eymar. Nous connaissons les premières suites de leur entretien.

De retour à bord, quelques heures après sa querelle, Arsène y fut accueilli avec une froideur significative. Evidemment, ses collègues avaient entendu Verdier. Il ne fit aucune question, et pendant deux jours, il ne quitta plus sa chambre que pour les besoins du service. Dans l'après-midi du troisième jour, avant de se faire conduire à terre en compagnie d'un jeune enseigne, jusque-là l'un des mieux disposés pour lui, il alla rejoindre ce dernier sur la dunette.

— Léonard, dit-il, Chabert ne vient-il pas avec nous?

Chabert était le commissaire du bord et l'ami le plus intime de Léonard.

Celui-ci répondit affirmativement.

— Vous avez arrêté, dit-on, une partie de chasse, reprit Arsène ; et c'est en parlant tout à l'heure d'un projet semblable que je viens d'obtenir la liberté nécessaire pour régler demain une affaire d'honneur. Si j'ai pu quelquefois vous rendre, à l'un ou à l'autre, un léger service, vous avez à votre tour un moyen de me faire votre obligé, et de vous débarrasser ainsi envers moi de tout sentiment de gratitude. Je sais que vous le désirez tous les deux, car il m'est facile de remarquer que vous avez cessé d'être mes amis. Vous me comprenez, un duel exige des témoins.

— Nous serons les vôtres, répondit tout bas Léonard ; mais quel est votre adversaire ?

— Eymar, le cousin d'Octave.

— Et le lieu fixé pour le rendez-vous ?

— Assez loin d'ici, par un motif de prudence qu'aucun de vous ne peut regretter. Un billet reçu ce matin me prévient qu'Eymar et Octave s'y rendront des Agamis. Nous-mêmes nous allons trouver au port une embarcation pour nous y conduire. Nous y serons demain dans la matinée.

Chabert parut, un fusil sur chaque épaule. Arsène courut à sa chambre, et revint en portant un troisième fusil et des pistolets. Pendant son absence, l'enseigne et le commissaire avaient échangé quelques paroles.

— Votre cause est mauvaise, dit Chabert à l'oreille du lieutenant de vaisseau ; mais vous avez bien de-

viné : il est des circonstances où l'on saisit avec joie
l'occasion d'acquitter une dette, pour agir ainsi plus
librement.

Les trois jeunes gens entrèrent dans le canot, et
furent en peu d'instants au rivage. Différents préparatifs les retinrent dans la ville une heure ou deux.
Le soleil baissait à l'horizon.

— Partons, messieurs, partons, dit Arsène ; — et
ils prirent aussitôt place dans une grande pirogue
dont l'équipage, entièrement composé de noirs, avait
reçu l'ordre de les transporter à l'*ancien village*.

Dans toutes les contrées où l'homme peut choisir
pour la réalisation de ses rêves entre de vastes terrains propres à des fondations, on voit des établissements entrepris, puis abandonnés, témoigner soit de
l'inconstance naturelle aux fils d'Adam, soit de la
difficulté que nous éprouvons à rien créer sans quelques tâtonnements infructueux. L'ancien village n'était autre chose qu'une de ces erreurs, ou peut-être
un de ces caprices. Des colons songèrent un jour à
s'y fixer; ils y transportèrent des matériaux provenant des démolitions de la Nouvelle-Angoulême, ville
également avortée, près des sources de la Mana; ils
y construisirent une maison principale, plusieurs
cases, une briquerie; ils y commencèrent un hôpital; ils y marquèrent l'emplacement d'un moulin à
cannes; et cela fait, au lieu d'achever leur ouvrage,
ils s'éloignèrent tout à coup. Écarté d'abord par le
bruit des haches, des scies, des marteaux, le tigre

revint à l'habitation délaissée, et se retrouva chez lui avec le silence et la solitude. Cette explication donnée, nous aurons tout dit de l'ancien village où se rendait Arsène et ses compagnons, quand nous aurons ajouté qu'il n'était éloigné que de quatre lieues seulement des Agamis.

L'enchantement du premier voyage entre ces deux rives aux aspects les plus divers, ne se renouvela point pour le frère de Jeanne. Léonard et Chabert se montraient en riant des singes qui les regardaient passer en se balançant aux rameaux, dans les attitudes les plus réjouissantes ; ils suivaient des yeux, de branche en branche, le vol des perruches ou des toucans ; ils admiraient les merveilles d'une végétation luxuriante ; lui, tout entier à l'humiliation qui l'écrasait dans les plus beaux songes de son cœur, dans les complaisances les plus caressées de son esprit, n'éprouvait, en dehors de l'amertume de ses regrets, qu'une indifférence suprême. Arrivé à l'ancien village, ils n'y trouvèrent point ceux qu'ils cherchaient, il fallut donc les attendre. Le commissaire et l'enseigne profitèrent de ce moment de liberté pour tirer quelques coups de fusil.

Tandis que ses compagnons s'occupaient ainsi à l'entrée des bois, Arsène demeura seul au milieu des ruines du village abandonné. Laissant le canot à droite de la crique d'une largeur de sept à huit toises et qui montait en spirale pour se cacher sous un rideau d'acajous et de papayers, il avait gravi non sans peine un escarpement conduisant au plateau où s'élevaient jadis les cases, et, maintenant tellement envahi par les arbustes et les hautes herbes, qu'il n'était pas facile de s'y frayer un passage. Une vieille maçonnerie, autrefois vaste magasin, s'avançait tout au bord de la mer et soutenait contre ses murs lézardés un pont de bois vermoulu qui servait au débarquement. Plus loin, à peu de distance des fondations de l'hôpital, marquées seulement par les pierres de taille alignées, çà et là, parmi les ronces autour d'une large fosse sur laquelle étaient posées en travers d'énormes poutres enguirlandées de plantes vigoureuses, une maison à demi-couverte d'un toit affaissé sur la charpente, disparaissait si complétement sous les lianes qui l'enveloppaient du haut en bas, qu'on l'eût prise encore à quelques pas pour un massif de feuillages. De maigres ananas, des cotonniers, trois ou quatre pieds de bananes rappelaient aussi, au milieu des ronces et des épines, le séjour des anciens colons. Tout près de là, des piquets plantés en carré, formaient une enceinte où l'herbe plus courte laissait voir, sous de jeunes palmiers, une petite éminence qui répondait trop bien aux pensées mélancoliques d'Arsène pour ne pas attirer son attention. Appuyé sur son fusil, le jeune homme eut bientôt franchi la palissade pour examiner de près ce qui lui paraissait un tombeau. Une croix dont les extrémités tombaient en poussière, couchée sur le sol humide, vint confirmer sa supposition. Il voulut relever cette croix; mais l'effort qu'il fit pour la planter de nouveau à la place qu'elle avait longtemps occupée, menaça tellement de la mettre en pièces, qu'il dut renoncer à son dessein et se contenter de chercher à lire les mots presque entièrement effacés de l'inscription funéraire. Il n'y parvint que pour un seul, celui de Sœur. Le nom et la date qui suivaient avaient été rongés par le temps.

Mais qu'importaient le nom et la date. Ce qu'Arsène avait pu lire disait tout. Il savait qu'en 1828, des religieuses de l'ordre de Saint-Joseph de Cluny, sous la direction de madame Javonhey, leur supérieure, accompagnaient les colons dont les travaux, brusquement interrompus, donnaient à ces lieux déserts un aspect plus désert encore. Tous étaient partis excepté la pieuse fille, morte victime de sa charité pour de pauvres noirs qu'elle venait instruire dans leur ignorance, soigner dans leurs maladies, consoler dans leurs chagrins. L'isolement de ce tombeau, visité seulement par les bêtes sauvages, pénétra le cœur du marin d'un attendrissement salutaire. Il se dit que dans un moment peut-être lui aussi s'endormirait là du dernier sommeil; mais, moins heureux, au lieu d'œuvres méritoires, il n'aurait à présenter au Souverain-Juge que des actions défaillantes, que les misères d'un orgueil poussé jusqu'à l'impiété filiale et à l'homicide. L'homicide irait-il donc aussi loin, convaincu comme il l'était qu'à tout prendre la vérité manquait à sa cause et se trouvait du côté d'Eymar! Non, s'il croyait encore devoir accepter le combat, il ne voulait plus de chance funeste que pour lui seul : il saurait ménager son adversaire; et s'il arrivait que celui-ci ne le manquât point, quelle délivrance !

Un cri particulier, signal convenu, l'arracha de sa rêverie, et le ramena du côté des bois où Léonard, Chabert, Octave, Eymar et ses deux témoins étaient déjà réunis. On échangea quelques paroles de froide politesse, et les conditions du duel furent réglées. Nous aurions beacoup à dire ici d'un usage odieux et barbare, et qui, contraire aux lois divines et humaines, contraire à la raison comme à la justice, n'en traverse pas moins les siècles, toujours vivant, toujours debout.. Laissant Léonard charger les pistolets et Chabert mesurer le terrain avec les témoins d'Eymar, Arsène se rapprocha du frère d'Angéline, et lui remit une lettre cachetée à l'adresse de M. Maubusson. Cela fait, il vint se placer à vingt pas, en face de son adversaire, et comme il devait tirer le premier, fidèle à sa résolution généreuse, il visa de manière à ne pas l'atteindre.

— Monsieur, dit Eymar, ne tirez donc pas avant d'avoir écarté cette femme dont la main gêne vos mouvements.

Tous les yeux se dirigèrent du côté d'Arsène pour se reporter aussitôt sur le jeune colon qui reprit avec impatience :

— Eh oui ! monsieur, cette vieille femme qui se place maintenant entre vous et moi !

Octave vit les traits de son ancien ami se contracter.

— Cousin, s'écria-t-il avec l'accent du reproche, nous n'avons que faire, en ce moment, de pareils sarcasmes !

— Y êtes-vous, monsieur ? demanda le petit-fils de la mère Michelin d'une voix suffoquée par la colère ; encore une fois, y êtes-vous ?

Il fit feu ; sa main tremblait : il atteignit pourtant son adversaire au bras gauche.

Le frère d'Angéline accourut pour donner ses soins au blessé.

— Un instant, dit celui-ci, ma blessure n'est pas tellement grave que je ne puisse tirer, à mon tour, avant de nous en occuper.

Il tira, et tandis que la balle sifflait dans les airs, Arsène, poussé de côté par une main invisible, recula d'un pas malgré lui. Une exclamation partit de toutes les bouches.

La confusion d'Arsène ne saurait se peindre.

— Monsieur, dit-il en s'adressant à Eymar, recommencez ; mon honneur l'exige.

Mais le sang coulait abondamment du bras du blessé : un pansement immédiat devenait nécessaire.

— Non, répliqua le cousin d'Octave, c'est assez pour aujourd'hui.

Et se tournant vers un de ses témoins, qui souriait ironiquement :

— Je le hais, continua-t-il ; mais je suis un homme loyal, et je déclare qu'ici son courage n'est pas en cause. En parlant de cette femme, je ne cherchais pas à l'insulter : je l'ai vue, vous dis-je; et c'est elle qui, au moment où je tirais, s'est jetée devant lui.

Arsène, encore sous l'impression du choc qu'il venait de recevoir, ne pouvait douter de la réalité de cette vision que nous rapportons nous-mêmes en invitant nos lecteurs à ne pas crier trop vite à l'invraisemblance, à l'impossible. Sans parler des vieux hagiographes et de leurs continuateurs, on voit Plutarque, Pline, d'Aubigné, le duc de Saint-Simon, cent autres parmi lesquels Voltaire lui-même dans les notes de la *Henriade*, raconter de ces faits inexplicables avec un accent de sincérité, avec un sérieux qui devrait donner à penser aux rieurs. Dieu sait bien des choses que nous ignorons, et en dépit de tant de progrès, notre raison superbe se heurtera toujours à de grands mystères.

Mais les sots n'examinent rien : ils nient, ils affirment; et dans une réunion de sept hommes pris au hasard, on peut parier au moins pour quatre sots. En toute occurrence, une intervention surnaturelle devait obtenir moins de crédit qu'une explication maligne assez brutalement traduite par Charlet dans une estampe devenue populaire : *le Premier coup de Feu*. Personne ne protesta contre la déclaration d'Eymar; seulement, il était facile de prévoir qu'avec la défaveur soudaine qui, en ce moment, commençait à faire expier au marin poëte et artiste ses premiers succès, sa réputation de bravoure courait aussi de grands risques.

Octave, Eymar et leurs compagnons ne tardèrent point à se rembarquer. Pendant qu'ils retournaient aux Agamis, Arsène et ses deux témoins se dirigeaient vers Cayenne, plus contraints, plus séparés encore qu'au départ.

— Maintenant, nous sommes quittes, avait dit Chabert en descendant le premier dans la pirogue.

— Oui, messieurs, mais nous ne sommes plus amis, répondit Arsène qui ne pouvait se méprendre sur l'intention du jeune commissaire.

Chabert se tut; Léonard aussi garda le silence : c'était l'acceptation de la rupture.

Lorsque son parrain osa parler devant lui des avantages de l'isolement, Arsène ébranlé ne protesta que par un geste menteur : il ne s'agissait alors, il est vrai, que de la famille.

Oh! l'isolement! il peut conserver un attrait mélancolique sur la tombe de la jeune vierge, restée seule au désert après ses compagnes, mais pendant la vie, au milieu des hommes, qu'il est amer et cruel!

XII

EN QUARANTAINE.

L'histoire du duel ne pouvait longtemps rester secrète : Arsène reçut l'ordre de garder les arrêts, dans sa chambre, pendant quinze jours. Il s'y attendait.

Entièrement délaissé par ses collègues, n'ayant vu pendant une semaine que l'homme chargé de lui apporter ses repas, il fit demander quelques instants d'entretien au commandant. Celui-ci parut aussitôt.

Après quelques mots d'excuses, le jeune lieutenant lui présenta un papier cacheté.

— C'est ma démission, dit-il d'un accent très-ferme ; à la punition que vous ne pouviez vous dispenser de m'infliger, mes amis, d'accord aujourd'hui avec les envieux, en ajoutent une autre plus injuste et plus humiliante. Je suis mis en quarantaine, tenu à distance comme un pestiféré, un malfaiteur. Un pareil outrage ne me permet plus de rester dans la marine.

Le commandant ne put réprimer d'abord un mouvement de satisfaction : il parut aussitôt le regretter, et conseilla doucement au jeune homme de ne rien précipiter, pour n'avoir pas à déplorer ensuite une détermination trop prompte. L'impression pénible, produite par des événements récents appartenant d'ailleurs à la vie privée, s'effacerait bientôt si M. Michelin s'attachait de plus en plus à ses devoirs de bon officier, qu'il avait remplis jusque-là avec une distinction toute particulière. Brave et habile comme il l'était, les occasions ne lui manqueraient pas pour reprendre, au milieu de ses rivaux, le rang qui convenait à son mérite. En attendant, il fallait bien en convenir, sa situation demandait beaucoup de prudence. Ce serait par exemple une mauvaise inspiration que de voir des provocations dans toutes les paroles de blâme, et de se prêter ainsi légèrement au caprice d'écervelés, disposés à mettre flamberge au vent sans aucun motif sérieux.

Le commandant était un vieillard ami de la paix, et ses dernières paroles laissaient deviner une partie de ses inquiétudes. Arsène détournant les yeux, et ne trouvant rien à répondre qui fût de nature à le rassurer, le vieux marin frémit à la pensée des embarras que lui susciteraient de nouvelles rencontres avec les colons, avec Verdier, avec tel ou tel de son propre état-major.

— Après tout, monsieur, continua-t-il en prenant subitement un autre langage, vous êtes meilleur juge que moi de vos actions, et j'aurais mauvaise grâce, si vous avez ailleurs d'autres projets, de vous retenir par mes instances dans une carrière qui vous promet, à coup sûr, de rudes moments à passer. Donnez-moi donc ce papier ; je dîne aujourd'hui chez le gouverneur : nous causerons de vous, de votre affaire, des moyens à prendre pour la réalisation prochaine de vos désirs.

Le commandant remonta sur la dunette, et quelques instants après on l'entendit donner l'ordre de préparer un canot.

Demeuré seul, Arsène revint au nouveau plan d'avenir qu'il avait formé. Prenant conseil encore une fois de son ennemi le plus acharné, l'orgueil, il croyait trouver à Paris l'emploi de ses talents, et rêvait dans le monde des lettres et du journalisme, la renommée et l'indépendance. Au milieu des occupations que nécessitait son état, il avait souvent déploré de ne pouvoir entreprendre, faute de temps, un ouvrage de longue haleine, un livre dont le sujet lui paraissait d'autant plus heureux qu'il l'entrevoyait jusque-là de loin, de bien loin, et coloré par le prisme de l'idéal. Il n'était plus M. de Kerénor, mais seulement Michelin ; eh bien, il saurait donner à ce nom de Michelin un éclat, devant lequel l'adoption du nom de sa mère deviendrait plus tard un grand acte d'humilité.

Il en était là de ses réflexions lorsque la voix d'Octave se fit entendre à sa porte. Son cœur battit violemment ; il sentit ses yeux se troubler, et le sang monter à ses joues.

— Non, dit-il, non, le frère d'Angéline ne doit

point me voir humilié : je ne veux de la compassion de personne.

Et l'effort qu'il fit pour dompter son émotion changea tellement l'expression de son visage, que les dispositions les plus bienveillantes n'auraient pu tenir devant la dureté du regard que rencontra en entrant le jeune chirurgien.

Celui-ci, venu peut-être avec des pensées de conciliation, fronça lui-même les sourcils et refusa d'un geste la chaise qu'on lui présentait.

— J'arrive à l'instant, dit-il ; et je vous apporte une lettre de mon père.

— Fort bien, monsieur, répondit Arsène.

Ils échangèrent un salut plus cérémonieux qu'amical, puis Octave se retira sans rien ajouter.

Une lettre des Agamis ! C'était la réponse à une autre lettre écrite avec abandon et sincérité la veille du jour fixé pour le duel. Arsène brisa le cachet et lut ce qui suit :

« Vous l'avez déjà compris, monsieur, nos relations ont cessé ; mais, au moment de nous séparer pour toujours, je ne veux entre vous et le vieux planteur des Agamis aucune méprise. Ce n'est pas le fils de l'ouvrier que nous repoussons ; non, dans notre désert, nous avons d'autres préjugés que ceux-là ; et, d'ailleurs, le seul inconvénient sérieux d'une alliance entre deux familles dont l'éducation et les habitudes seraient différentes, disparaîtrait complètement ici, à la distance où nous sommes de vos parents. Qu'il soit donc bien reconnu que la condition plus ou moins obscure de ces derniers n'eût rien changé à mes dispositions, ni même aux dispositions de ma fille, si vous aviez su l'accepter franchement, au lieu de la déguiser. L'obstacle, l'obstacle invincible à la réalisation de nos projets vous est tout-à-fait personnel : il ne s'agit pas de votre père, de votre aïeule ; il s'agit de vous qui, par une faiblesse inexcusable, avez trompé notre confiance.

« Et, d'abord, permettez-moi de vous adresser une question.

« Comment avec votre intelligence, ayant à choisir entre les petits manéges de l'orgueil et l'attitude simple d'une noble fierté, avez-vous pu donner à l'orgueil la préférence ? Qu'il vous eût été agréable de naître plus haut, de n'avoir pas à compter avec quelques préventions injustes, quelques vanités mesquines, jusqu'à un certain point, je le comprends. Ce qui m'étonne, ce qui me blesse, moi, dont le grand-père était comme le vôtre un artisan, c'est de voir un enfant du peuple s'ingénier à dissimuler son origine, comme s'il s'agissait de quelque chose de honteux. « Mais, » vous dira saint Thomas d'Aquin (remarquez-le, saint Thomas, le descendant d'une famille illustre), mais, vous dira-t-il, « on ne lit point que le Seigneur ait fait au commencement deux hommes, l'un d'argent pour être le premier ancêtre de ceux-ci ; l'autre d'argile pour être le père de ceux-là. Il n'en fit qu'un seul, formé de limon, et par qui nous sommes frères. » Voilà la vérité, et ce n'est point un démagogue qui la proclame.

« Les distinctions sociales sont nécessaires ; elles méritent le respect, toujours, pourtant, dans la mesure qui convient à la dignité humaine. Les vaines complaisances et le fétichisme n'ont jamais conduit à rien de bon. Il est bien de se rappeler un peu partout, en suivant encore la pensée du même docteur que « s'il est beau de n'avoir pas failli aux exemples de nobles ancêtres, il ne l'est pas moins d'avoir illustré une humble naissance par de grandes actions. » Élevé en France, à Paris, ma jeunesse a été studieuse ; j'ai beaucoup fouillé les bibliothèques ; et, dans l'Église, l'armée, les lettres, les arts, les sciences, l'industrie, j'ai gardé la mémoire d'une foule d'hommes célèbres, fils d'artisans comme vous l'êtes, comme nous le sommes tous les deux, et qui me paraissent singulièrement outragés, lorsque je vois rougir d'un berceau qui fut le leur.

« Ah ! monsieur, parmi les souvenirs de mes lectures, permettez-moi de vous rapporter une belle réponse de Chevert, Chevert dont Maurice de Saxe disait à quelqu'un qui reprochait au héros de Prague et d'Hastenbeck de n'être qu'un officier de fortune : — Vraiment, je n'avais pour lui que de l'estime, mais vous m'apprenez que je lui dois aussi du respect.

« Un solliciteur faisait un appel à son crédit, et se présentait comme étant de sa famille.

« — Êtes-vous gentilhomme ? lui demanda Chevert.

« — Assurément, comment pourriez-vous en douter ?

« — En ce cas, monsieur, nous ne sommes point parents, car vous voyez en moi le premier et le seul gentilhomme de ma race.

« Sixte-Quint, élevé sur le trône pontifical, après avoir gardé des troupeaux dans son enfance, ne parlait pas autrement aux flatteurs.

« Cher monsieur, ne soyons pas orgueilleux ; soyons vrais, soyons simples, soyons fiers.

« Vous n'avez été ni vrai, ni simple, ni fier en profitant d'une erreur à laquelle vos compositions littéraires et le nom que vous portiez aidaient puissamment. Ce n'est pas tout. Un jour, à Brest, il fallut vous prononcer entre la parenté réelle et la parenté fictive, et, cette fois, la chute fut complète. Portée à l'extrême, comme on l'est souvent à son âge, ma fille, après avoir fait de vous, en lisant vos vers, un héros de piété filiale, vous croit aujourd'hui un enfant dénaturé. Ces deux opinions manquent de justesse. Vous chérissez votre père et votre aïeule, seulement, votre amour est sans énergie, devant ce qui vous semble une humiliation.

« J'aurais pu répondre plus laconiquement à votre lettre, et vous épargner ainsi quelques détails de nature à vous affliger. Si je savais adoucir un peu votre chagrin en vous disant qu'Eymar ne sera jamais l'époux d'Angéline, je vous donnerais, du moins, cette consolation. Toutefois, vous auriez tort d'oublier que mon neveu n'a fait qu'accomplir un devoir, en nous prévenant d'un fait qu'il nous importait de connaître. Sa blessure ne paraît pas dangereuse, et je m'en réjouis, comme de la promesse qu'il m'a faite de s'en tenir avec vous à cette malheureuse rencontre. J'attends de vous le même engagement. De grâce, point de nouveaux duels qui, en attirant de plus en plus l'attention publique, ne profiteraient ni à vous, ni à ma fille.

« Et maintenant, adieu, monsieur ; j'allais presque dire, en terminant, mon jeune ami. Ne vous laissez point abattre. Le découragement serait tout au plus permis à la vieillesse, qui n'a plus devant elle un long avenir pour recommencer la vie, et racheter ses fautes par autant de vertus. Errer, c'est apprendre ; et souvent l'expérience, acquise en passant par la douleur, nous apporte de tels présents qu'il est difficile à qui les reçoit de rien regretter. « La souffrance, dit un moraliste, a ses trésors comme la mer. Combien pensaient se noyer dans ses profondeurs, qui en sont remontés, des perles et des coraux dans les mains. »

Arsène relut plusieurs fois ces dernières lignes : l'impression d'apaisement qu'il en éprouva l'aurait aussitôt conduit à la recherche d'Octave s'il eût été libre, en ce moment, de quitter sa chambre : il ne l'était pas ; la journée entière se passa encore pour lui dans l'isolement ; et l'irritation qu'il éprouvait de se voir ainsi tenu à l'écart reprenant le dessus, il perdit pour toujours l'occasion de renouer avec le fils du planteur. Le soir, le commandant revint de la ville. Le gouverneur et lui s'étaient entendus pour faciliter au jeune lieutenant son retour en France sur un navire de commerce, *la Félicité*, qui, le lendemain, appareillait pour Bordeaux. Ils prenaient sur eux de faire accepter au ministre de la marine la démission de M. Michelin et de justifier un départ que des circonstances particulières rendaient utile. Arsène voulut élever quelques objections : suivant lui, ce départ précipité ressemblait beaucoup à une fuite ; il tenait, avant d'abandonner son épée, à se trouver libre devant ses collègues, devant Eymar, devant ceux des habitants de Cayenne qui seraient assez hardis pour élever quelque doute sur son honneur.

— C'est justement, monsieur, ce que nous devons éviter, répondit le vieux marin d'un ton qui n'admettait point de réplique. Votre histoire a déjà fait trop de bruit. Occupez-vous donc, à l'instant, des préparatifs nécessaires. Je vous conduirai, moi-même, demain matin, à bord de *la Félicité*.

— Je suis donc chassé ! se dit Arsène avec amertume. Il ne dormit point la nuit suivante, et les réflexions qu'il fit sur les hommes qui l'entouraient avaient toute l'âcreté de la haine et du désespoir.

Au lever du soleil, deux matelots vinrent prendre

ses malles, et le prévenir que le commandant l'attendait. Plusieurs officiers causaient sur le pont, et pas un ne se détacha du groupe pour serrer la main d'Arsène. Celui-ci reconnut Octave qui semblait craindre de lui adresser un dernier regard : peut-être voulait-il cacher une larme.

Le capitaine de *la Félicité* avait longtemps servi dans la marine royale. C'était un de ces hommes qu'on désigne habituellement sous le nom pittoresque de loups de mer. A la réserve avec laquelle il l'accueillit, le passager vit bien que lui aussi, quant à la cordialité, quant à la confiance, se proposait de prolonger indéfiniment la quarantaine. Les hommes de l'équipage, également, dès le commencement de la traversée, ne montrèrent aucun empressement pour rendre à leur nouveau compagnon de voyage les services qu'il en attendait.

Un soir, Arsène, qui passait souvent deux ou trois jours sans prononcer une parole, voulut se distraire en écoutant en secret une de ces folles histoires du gaillard d'avant, si chères aux matelots. Le conteur paraissait en verve, à en juger, du moins, par les rires de son auditoire. L'ex-lieutenant se glissa dans l'ombre, et lorsqu'il fut à portée d'entendre, il prêta l'oreille :

— Laissons pour le moment Coq-en-l'air s'en donner à l'abordage, disait le narrateur en poursuivant son récit, et revenons à Cachotin, tout prêt à lever l'ancre, à filer son nœud. Ce Cachotin était un sans-cœur, un rien du tout, un de ceux-là qui virent de bord devant la vieille mère, et prennent le large devant un coup de feu. Il n'était pas lieutenant de vaisseau, à vrai dire, mais à part le grade...

Arsène en avait assez entendu. Le voyage ne dura pas moins de six semaines qui lui semblèrent ne devoir jamais finir.

Un singulier travail s'opéra dans son esprit, et ce fut un nouveau supplice : partout repoussé, partout calomnié, il vint à se demander si l'apparition à l'ancien village, qu'il avait d'abord pleinement admise, n'était pas, pour Eymar, l'illusion d'un halluciné, et pour lui l'excuse d'un lâche ! Sans nouvelles du pays depuis cette époque, il ignorait si la mort avait ou non visité la petite maison de Kerfautras. Dans tous les cas, comment admettre la présence de la grand'mère à la Guyane, lui qui, jusqu'alors, n'avait vu dans les histoires de ce genre que des contes d'enfants ?

— Oui, murmurait-il en cachant dans ses mains son front couvert de rougeur, illusion d'une part et lâcheté de l'autre, voilà l'explication de la vision, de la légende à l'ancien village !... Ils ont raison de me traiter en paria, et moi-même j'ai raison de les mépriser comme ils me méprisent.

Et l'homme qui parlait ainsi voulait, en arrivant à Bordeaux, prendre la diligence pour aller commencer immédiatement à Paris la vie militante du littérateur et du journaliste !

Lorsqu'il débarqua, la voiture venait de partir. Force lui était d'attendre au lendemain pour réaliser son projet. Ce retard n'avait rien de très-fâcheux : l'écrivain dont la pensée distille le fiel commencera toujours trop tôt sa déplorable mission.

A peine à l'hôtel, le premier soin d'Arsène avait été d'écrire à sa sœur ; mais avant de finir sa lettre, il s'arrêta subitement sous l'impression d'un souvenir. Son aïeule dont il connaissait la maladie, son aïeule dont la mort était probable, avait obtenu de lui la promesse qu'à son retour en France, il se présenterait, en fils soumis, à la porte de la maison paternelle. Qu'allait-il faire, cependant, maintenant que la Bretagne n'offrait à son ambition aucune carrière qu'il voulût choisir ? maintenant qu'il lui fallait chercher sa voie d'un autre côté et ne pas négliger, au moins pour un temps, une économie prudente !

Irrésolu, voulant réfléchir avant de prendre un parti définitif, il mit dans son portefeuille sa lettre inachevée, et parcourut différents quartiers de la ville. On le vit errer sur le port jusqu'à l'heure où les vapeurs du soir enveloppèrent d'un sombre rideau les coteaux de Lormont. Alors, il dirigea sa promenade vers un autre point, et se trouva bientôt devant une église dont les fenêtres très-éclairées avaient attiré de loin son attention. Parmi beaucoup d'autres personnes, une femme qui, par son âge avancé et sa tournure, lui rappelait son aïeule, entrait sous le porche au moment où lui-même en approchait. Cette femme s'arrêta pour prendre de l'eau bénite, ce qui permit au jeune homme de la rejoindre. Il désirait lui parler pour reposer un instant ses yeux sur des rides et des cheveux blancs.

— Madame, lui dit-il, je suis étranger, et je voudrais savoir quelle cérémonie religieuse réunit ici, ce soir, tant de fidèles.

— Rien de plus facile à vous apprendre, monsieur, répondit la Bordelaise : nous commençons une neuvaine prêchée par le Père Thuriau, un missionnaire, un prêtre breton.

Loin du pays, il y a pour tous les enfants de la Bretagne une puissance magique dans le mot que la bonne dame avait prononcé. Un Breton ! ah ! ce Breton, il fallait le voir, il fallait l'entendre.

Arsène entra dans l'église, où la foule était nombreuse. Il se plaça derrière un pilier qui l'isolait un peu du reste de l'auditoire, sans pourtant lui masquer la chaire.

Le malheureux n'avait pas prié depuis longtemps, et l'attendrissement qu'il éprouva dans cette assemblée chrétienne fut un soulagement véritable pour son cœur brisé. On chantait autour de lui des airs familiers à son enfance : en les écoutant, il pensait à sa famille et pleurait ; il pensait à Dieu, et pleurait encore.

XIII

LE PÈRE THURIAU.

Arraché tout à coup à sa rêverie par une voix grave qui prononçait lentement le quatorzième verset du dix-neuvième chapitre de saint Matthieu, Arsène leva la tête et vit, debout dans la chaire, devant le flambeau qui l'éclairait, un vieillard, un prêtre, la sérénité sur le front, la joie dans les yeux, la bienveillance sur les lèvres. Le corps incliné et les mains jointes, le prédicateur répéta son texte en le traduisant :

« Laissez ces petits enfants, et ne les empêchez pas de venir à moi, car le royaume des cieux est à ceux qui leur ressemblent.

« Mes frères, continua-t-il, ne vous arrive-t-il jamais, en méditant ces paroles, de vous demander, avec étonnement et chagrin, pourquoi la vertu suprême de l'enfance, la simplicité, est si délaissée parmi nous? Parfois même ne vous surprenez-vous pas à la regretter en voyant qu'elle seule serait capable de rendre à vos âmes les joies si vraies et si pures qu'elle vous a données au matin de votre vie ? Nos premières années ne demeurent les plus chères à notre cœur, elles ne dominent les autres dans notre mémoire que parce qu'elles nous rappellent une autorité que nous ne cherchions pas à discuter, une tendresse que nous acceptions sans soupçon et sans ingratitude, notre mère enfin, image de la mère de tous, la Providence. A cet âge béni, nous recevions les témoignages incessants de l'amour qui nous environnait de toutes parts sans leur opposer ces doutes et ces raisonnements de l'esprit, ces défiances et ces retours d'amour-propre qui, plus tard, ont voilé peut-être à nos yeux tant de bienfaits, ou, du moins, en ont diminué le prix et la douceur. Ces dispositions heureuses, nous les transportions sans effort dans nos relations avec Dieu, et là encore, elles nous étaient une source intarissable de joies mystérieuses et sacrées. Sous l'action de la grâce baptismale, notre cœur s'élevait par un mouvement simple et pur vers notre Père céleste, pour croire en sa parole, espérer en sa bonté, pour l'aimer de tout l'attrait que nous inspirait la vue d'un Dieu qui nous était montré sur la paille de la crèche ou sur le bois sanglant du Calvaire. Ainsi, nourris par la Foi, bercés par l'Espérance, caressés par un saint amour, nous possédions au dedans de nous-mêmes tout ce qui fait la vie de l'intelligence et du cœur. Les plus suaves affections de la famille se mêlaient aux sentiments les plus intimes de la Religion pour nous composer un trésor que sauvegardait en nous l'aimable simplicité, fille de l'Innocence. Oui, grâce à cette vertu préconisée par le divin Maître, nous avons connu le bonheur à notre berceau, et si nous étions autre chose que contradictions et misères, rien ne pourrait expliquer comment nous accordons le charme impérissable de nos premiers souvenirs avec l'orgueil de nos défaillances successives. Ce qui nous ravit encore dans le passé, nous n'en voulons plus à l'heure présente, nous n'en voulons plus dans l'avenir. Qu'est-ce donc pour la sagesse que l'âge mûr, l'expérience, la prétendue science de la vie ? Ce que c'est ? Demandez-le à Celui dont je citais tout à l'heure les divines paroles ; à Celui qui nous montrait pour modèle, non pas un homme, mais un enfant, non pas une tête grise, mais une tête blonde.

« Enfants, essayons de vous ressembler, et voyons dans un premier entretien si nous n'aurions pas un meilleur parti à tirer des récits qui font vos délices que des argumentations captieuses de quelque rhéteur. Apprenez-nous à préférer au froid raisonnement le langage du cœur compris des plus petits et des plus humbles. Nous voulons retourner pour un moment au foyer éteint où notre aïeule enchaînait notre pétulance au moyen d'une pieuse légende ; nous voulons retrouver la candeur de nos meilleurs jours, et laisser rire de nous ceux qui méprisent les trésors d'une croyance naïve, ceux qui ont peur d'être trop riches et trop heureux. Plus tard, nous aborderons d'autres sujets. Aujourd'hui, soyons tous enfants, prenons franchement plaisir aux histoires que nos pères ont racontées, et dont l'enseignement leur était plus salutaire que la discussion d'utopies funestes dans lesquelles l'imagination de leurs petits-fils traînera son aile alourdie, souillée peut-être. »

Ces paroles du missionnaire répondaient merveilleusement aux souvenirs d'Arsène, à ses infidélités, à ses besoins. Un léger accent du pays que seul, peut-être, au milieu d'une foule étrangère à la Bretagne, il reconnaissait, ajoutait encore à ce qu'il venait d'entendre un attrait plus sympathique, quelque chose de particulier et de fraternel. Le saint vieillard poursuivit, tandis que son jeune compatriote, les yeux fixés sur les siens, l'écoutait avec une émotion de plus en plus vive :

« Les récits que nous allons vous présenter se rapportent aux trois plus grandes vertus de la Religion : la Foi, l'Espérance, la Charité. La Foi ! où en est-elle de nos jours ? Convenons-en, mes frères, il y a de tristes époques dans le cours des siècles, des époques où les inspirations du génie, au lieu de descendre du foyer divin, semblent monter d'une fournaise creusée dans les abaissements de la matière. Ces jours de calamités où l'art hésite entre le doute et la négation, où loin d'avancer, il recule, ne voyant plus que le côté sombre de la nuée après en avoir suivi la lumière ; ces jours où la main tatonne, où l'œil s'obscurcit, où la tête se trouble, nous font regretter amèrement ce qui manque à leur indigence, ce que d'autres ont possédé, la Foi dans une mesure large, abondante. — Les fermes croyances si nécessaires à l'épanouissement complet du talent comme de la vertu ; ils les avaient, les Angelico, les Bartholome, les Memling, les Murillo, les Lesueur, dont les pinceaux n'invitaient si bien à la prière que parce qu'ils priaient eux-mêmes sur la toile rendue sensible et les murs devenus éloquents.

« Un disciple de ces hommes à jamais célèbres peignait des fresques dans une église du Tyrol. Avant de commencer son travail, il s'y était préparé par les rigueurs de la pénitence, comme le faisait toujours Lippo Dalmasio, et le moment venu de représenter la vierge Marie, il s'était approché de la sainte table, ne se croyant jamais assez pur pour offrir à la vénération des fidèles une image de celle que l'Église a nommée *Mater purissima*. A genoux sur un échafaudage à plus de soixante pieds du sol, il s'adressait intérieurement à son ange gardien, et le suppliait de guider sa main tremblante, la main dont il se frappait souvent la poitrine, en se déclarant indigne de chercher à surprendre les secrets du ciel. Sa pensée pourtant s'animait devant lui : c'était bien la mère de Dieu dans toute sa majesté et dans toute sa grâce. Transporté de joie et d'amour, les pleurs de la reconnaissance voilaient les yeux du pieux artiste quand, tout à coup, un craquement terrible se fait entendre. Effrayé en sentant fléchir la planche qu'il a sous les pieds, mais plein de foi dans le secours d'en haut :

« — Marie, cria-t-il, Marie, je tombe, soutiens-moi

« Et l'échafaudage s'écroule, se brise sur les dalles sonores, tandis que le bruit de la chute attire une foule de curieux épouvantés. Tous les regards sont bientôt fixés sur un point de la voûte : le peintre est là, tendrement serré dans les bras de la protectrice qu'il invoquait. Dieu l'avait permis : la sainte image lui sauvait la vie, après l'avoir reçue de ses pinceaux créateurs. »

Ce trait qui peint si bien la vivacité de la foi en des âges déjà loin de nous, frappa l'esprit d'Arsène sans trop l'étonner. Malgré ce qu'on a vu de ses impressions différentes sur un autre fait merveilleux, il avait lu et relu, dans son enfance, la *Vie des Saints*, ce trésor des chaumières bretonnes, et la foi n'était pas, en ce moment, ce qui lui manquait le plus. Une autre vertu lui faisait surtout défaut. Amené par l'expérience de sa faiblesse à se défier de lui-même, il n'osait chercher du côté du ciel la confiance que lui refusaient des œuvres dépouillées de tout mérite et de toute valeur. Ce jour de la première communion, ce jour si doux, si joyeux, ces noces printanières de la jeune âme unie à son Dieu pour la première fois, avaient même été troublées pour lui par des pensées mauvaises et chagrines. Avec un passé aussi indigent, comment rêver un avenir meilleur? Comment? Le jeune homme l'ignorait sans doute, mais le père Thuriau se chargeait de le lui apprendre, en lui dévoilant les beautés et les motifs de l'Espérance.

« Cette vertu, s'écria le prêtre breton devrait être

l'inséparable compagne de la Foi : elle animait aussi nos ancêtres et les disposait aux grands sacrifices. Sans vous éloigner beaucoup de cette église, vous pourriez, en parcourant vos campagnes, compter bien des chapelles, bien des oratoires consacrés au souvenir de pieux solitaires. Nos bois, nos montagnes, nos grèves de l'Armorique ont également conservé des traces du passage de ces hommes de paix, dont quelques-uns avaient déserté des palais pour se cacher dans une grotte humide ou dans une cabane de feuillage. Voulez-vous savoir ce qui leur donnait ainsi la force de s'arracher aux séductions des honneurs, de la fortune, des plaisirs, pour épouser les rigueurs de la pénitence ? Ils méditaient dans l'attente de la vie future : ils espéraient !

« Mais, parmi les saints, tous n'ont pas une confiance égale, et l'on raconte d'un vieil ermite, dont la dévotion avait quelque chose de farouche, qu'il vint un jour admonester un jeune solitaire qui, suivant lui, avec des mérites d'un ordre inférieur, comptait trop pour sa part sur les récompenses promises aux élus :

« — Votre sérénité m'étonne, lui dit-il d'un accent sévère ; êtes-vous donc si sage et si heureux que vous n'ayez rien à redouter ? Hélas ! je vois en vous de nombreuses faiblesses, et la pire de toutes est la présomption qui vous fait croire à l'efficacité de vos prières pour votre salut. Dans une de mes nuits les plus agitées, une vision m'a frappé de terreur, et, quand vous la connaîtrez, vous frémirez, peut-être, comme moi. J'avais appuyé ma tête sur la pierre qui, depuis trente ans, me sert d'oreiller, lorsque, devant moi, parut une main lumineuse tenant un plat dans lequel étaient des fruits. Une voix mystérieuse m'engagea à prendre ces fruits d'une beauté rare ; mais au lieu d'obéir, je détournai les yeux avec dégoût, le plat qui les contenait étant souillé d'immondices. — Ce que tu fais, reprit la voix, comment Dieu ne le ferait-il pas à son tour, lorsque la prière vient à lui de lèvres indignes et de cœurs non purifiés ! — Or, mon enfant, continua l'austère vieillard, c'est à vous de décider si quelques vertus sans grands combats donnent à votre cœur, à vos lèvres l'accord nécessaire pour mériter à votre oraison l'accueil favorable que vous semblez ne pas mettre en doute. Prenez garde ! plus notre nature est infirme, et plus elle se nourrit d'illusions. Oui, j'ai prononcé le mot d'illusions, et j'ajoute qu'aucune ne peut vous mener plus loin dans le mal que la fausse confiance.

« Et sans attendre la réponse de celui qui l'écoutait les larmes aux yeux, et pour la première fois, l'anxiété au fond de l'âme, le prédicateur de la crainte retourna lentement à son ermitage.

« Le jeune homme passa la journée entière le front dans ses mains. Tantôt il se disait que la réprobation qu'il venait d'entendre s'appliquait seulement au vice cherchant à gagner le ciel par un tribut sacrilége, et tantôt aussi à l'idée des perfections infinies, ses fautes, quelque peu graves qu'elles fussent en réalité, prenaient des proportions effrayantes. Dévoré d'angoisses, il eût, peut-être, cédé au découragement, si, le soir, étant assis devant la cabane qu'il habitait, un double symbole ne l'eût ramené pour toujours au sentiment délicieux qui avait fait jusqu'alors la tranquillité de sa vie. Son attention, d'abord, se dirigea sur un chêne brisé par la foudre, et qui, réduit de moitié dans sa hauteur, jetait à profusion autour d'un tronc d'une circonférence énorme, d'un tronc à la fois nain et colosse, des branches vigoureuses, et donnant l'idée d'une force d'autant plus grande que l'arbre, mis par l'orage au niveau des noisetiers plantés sur les bords du même ruisseau, se défendait mieux contre la fureur des vents.

« — Regarde et comprends ! dit la voix déjà entendue par le vieil ermite, et le solitaire vit les racines du chêne dénudées par l'eau dont le passage continuel provoquait tous les jours des éboulements. Un peu plus tôt, un peu plus tard, la chute de l'arbre était donc certaine : frappé par en haut, miné par en bas, il n'avait de la puissance qu'une apparence mensongère.

« Le jeune homme le contemplait avec une sorte de stupeur, quand son œil fut attiré d'un autre côté. Il vit là un petit lierre, montrant à peine au-dessus de l'herbe ses feuilles d'un vert tendre, et la pensée lui vint que feuilles et tige seraient bientôt mutilées par les troupeaux.

« — Regarde et comprends? répéta la voix divine; et au même instant, le faible arbrisseau s'enlaçant au pied d'un calvaire voisin, grandit, s'éleva jusqu'aux bras de la croix qu'il couvrit d'un réseau de guirlandes.

« — Voilà mon espérance! s'écria le solitaire pleinement rassuré: pour la détruire il faudrait renverser la croix qu'elle embrasse et qui la protége. »

Arsène respirait plus librement. Si, dans ses désirs orgueilleux, il avait été le chêne frappé par la foudre, miné par les eaux; il pouvait, maintenant, dans une humilité pleine de confiance, imiter le lierre, chercher la force et la vie au pied de la croix. Venu à son heure, l'entretien, ménagé par la Providence, continuait ainsi tout confidentiel au milieu de la foule entre la pensée du jeune marin et la parole imagée du vieil apôtre. Ce dernier avait encore à répondre à des sentiments de haine indignes d'un chrétien, car il est dit dans nos saints livres qu'avant de présenter son offrande à l'autel, il faut, d'abord, se réconcilier avec ses frères.

Le père Thuriau continua :

« Dès que l'on croit en Dieu et que l'on espère en lui, il devient facile de l'aimer ; mais la charité comprend aussi l'amour du prochain, et le prochain, en lui-même, est rarement aimable pour qui l'examine attentivement. Mes enfants, je dois vous confesser une de mes faiblesses. Longtemps je n'ai pu sans appréhension feuilleter les pages de l'histoire où, pour un caractère élevé, généreux, et, jusqu'au bout, digne de sympathie, je rencontrais tant d'hommes cruels, perfides, égoïstes ; tant de cœurs légers, inconstants, menteurs, et déroutant la bienveillance la plus intrépide par des revirements continuels, des contrastes aussi douloureux que choquants. Un profond mépris de l'espèce humaine, presque toujours ainsi misérable même dans ce qu'on est convenu d'appeler ses grandeurs ; une indifférence chagrine entre le méchant qui, par aventure, agit une fois comme s'il était bon, et celui qui, réputé bon, prend à son compte une action mauvaise, tel aurait été le fruit redoutable de mes études si l'influence de quelques héros, de quelques saints salués à temps dans la confusion générale ne m'avait ramené par le désir de l'imitation à des sentiments plus fraternels. Partagé ainsi entre les impressions différentes qui produisent les dévouements ou poussent à l'isolement du misanthrope, je découvris, un jour, dans les annales de Bretagne, un trait lumineux, un trait qui décida ma vocation religieuse. Ce trait le voici. Je l'ai relu bien des fois, et j'aimerais à le graver dans la mémoire de tous les hommes que des mécomptes éloigneraient de ceux qu'ils doivent, malgré tout, aimer et servir.

« Au septième siècle, Judicaël régnait en Bretagne. C'était un prince assez fier pour repousser par la force des armes les prétentions orgueilleuses de Dagobert ; puis, les querelles apaisées, assez sage pour préférer au repas somptueux où l'attendait le roi de France, la table modeste du référendaire Dudon, connu, depuis, sous le nom de saint Ouen, et dont la réputation de vertu s'étendait partout. Ami des pauvres et des affligés, Judicaël qui, après un règne glorieux, devait mourir dans un cloître, ne perdait jamais une occasion de faire une aumône, de consoler un chagrin, de réparer un malheur. Où les meilleurs de ses sujets hésitaient et reculaient, il accourait le sourire aux lèvres et la main ouverte. Un soir, à peu de distance de Montfort-sur-Meu, il se rendait à cheval à un gué de chariot, quand, se trouvant devant une église, il voulut s'y arrêter un moment, et laissa ceux qui l'accompagnaient continuer sans lui la route. Sa prière finie, il vint à l'entrée du gué, déjà traversé par presque toute sa suite, et là, il vit un malheureux couvert de lèpre qui suppliait en vain pour qu'on l'aidât à passer sur l'autre bord. Un mouvement d'horreur, de dures paroles étaient la réponse de chacun. Judicaël ne dit rien; il n'imposa à aucun de ses gens un acte de charité répugnant à la nature; non, il fit mieux : il prit le pauvre malade en croupe, et le transporta vaillamment, lui-même, de l'autre côté. Là, le lépreux n'eut pas plutôt touché la terre de son pied qu'une transformation soudaine éblouit le prince. Au lieu du misérable à la voix dolente, à l'aspect hideux et rebutant, il vit Notre Sauveur tout resplendissant de lumière; Notre Sauveur tel qu'il apparut sur le Thabor.

« Qu'ajouterais-je à ce récit que vous n'ayez déjà deviné? Je vis dans ce lépreux si tendrement secouru d'autres laideurs qui choquaient mes sens, effrayaient mon âme, et je voulus, comme Judicaël, au lieu de me détourner des misères humaines, les secourir, écouter la compassion. Vous savez maintenant pourquoi je suis missionnaire; pourquoi j'ai recherché, depuis, ceux-là mêmes que, d'abord, je songeais souvent à fuir : heureux quand il m'a été permis de les transporter aussi d'une rive à l'autre, et d'admirer un éclat céleste où je n'avais aperçu, avant le passage, que les signes de l'abjection ! »

Toujours plus attentif, toujours mieux persuadé, le petit-fils de la mère Michelin écoutait avec autant de vénération que de reconnaissance ce prêtre qu'il entendait pour la première fois. La grâce opérait en lui : il se comptait déjà dans le nombre de ces malades transportés d'une rive à l'autre par le saint vieillard. L'accent du père Thuriau avait une douceur incomparable, et qui devint surtout irrésistible quand le bon religieux, les mains jointes, prononça les paroles suivantes avant de quitter la chaire :

« Revenons à notre point de départ, et répétons qu'entre l'enfant qui veut des légendes et le sceptique qui n'en veut point, le plus sage n'est pas le dernier. Celui-ci peut s'applaudir d'un ricanement, d'un haussement d'épaules; il n'empêchera pas la légende de mêler ses grâces aux sévérités de l'histoire; il n'empêchera pas le soleil et la rosée de couvrir de fleurs et de mousse la surface d'un roc. La nudité des faits purement naturels, la sécheresse des raisonnements ne sont pas plus dans les des seins éternels qu'une terre sans parfums, qu'un ciel sans étoiles. Cette assertion, il suffit pour la justifier d'ouvrir nos saints Livres où la vérité s'épanouit en images, où de suaves merveilles se mêlent à la vie des patriarches comme à celles des premiers chrétiens. D'ailleurs, n'allez pas vous y tromper ! On ne perd la simplicité avec l'innocence que pour se montrer plus crédule aux rêves d'une imagination fourvoyée dans les régions basses et malsaines. On croit, on espère, on aime encore comme par le passé : seulement, on croit à des choses rampantes, on espère des jouissances brutales ; on aime la dépravation.

« Ah ! si nous savions ce que c'est que le vol de l'âme, quand ce vol monte jusqu'à Dieu, ou lorsqu'il descend aux abîmes !

« Parmi ceux qui m'écoutent, il y a des marins, et ceux-ci ont vu sous les tropiques un oiseau presque sans corps, emporté par des ailes immenses à des hauteurs où seul il atteint. L'ouragan bouleverse les mers ; les vents déchaînés brisent les mâts du navire, n'importe, l'oiseau monte avec plus de vitesse, il perce les nues, et, paisible, il laisse gronder la tempête au-dessous de lui. Cet oiseau, c'est la Frégate, image, à mes yeux, des vertus ailées si chères à l'enfance et auxquelles a été promis le royaume des cieux. Eh bien, écoutez encore ! il faut à la Frégate, lorsqu'elle veut prendre l'essor, quelque haute falaise, la pointe d'un rocher, sans quoi les ailes prodigieuses qui la soutiennent dans l'espace, l'accablent et la clouent au sol. C'est là, sur le sable, quand, par malheur, elle est tombée des régions élevées qui font sa force, c'est là que les chasseurs viennent la surprendre, et l'assomment à coups de bâton. Mes frères, entendez ceci, et conservez bien toujours à l'essor de vos croyances, de vos désirs, de vos tendresses, des sommets propices, des sommets préservateurs. »

Le saint vieillard se signa, descendit de la chaire, et se dirigea vers un coin retiré de l'église. Un homme, aussitôt, quitta l'ombre du pilier qui le cachait jusque-là, et suivit les pas du missionnaire. Peu d'instants après, ce dernier entendait avec émotion les aveux de cet homme, les regrets qu'il exprimait, les résolutions nouvelles qu'il voulait prendre. Pendant ce temps, la foule agenouillée devant l'autel où rayonnait l'ostensoir sous l'éclat de mille lumières, chantait tout d'une voix :

« O victime de paix qui nous ouvrez le ciel, for-
« tifiez-nous, et aidez-nous contre les ennemis qui
« nous pressent. »

XIV

CONCLUSION.

Nous l'avons déjà dit : il y a des mystères qu'il faut reconnaître sans chercher à les comprendre. Un homme s'est élevé contre le ciel ; un autre homme à vécu dans l'indifférence religieuse ; tous les deux ont fait le mal ; tous les deux se disposent à l'aggraver : celui-ci par de nouvelles fautes ; celui-là par de nouveaux crimes ; et voici qu'au moment le plus imprévu, la patience de Dieu se lasse, non pour les punir, mais pour les changer. L'événement célèbre du chemin de Damas s'est renouvelé bien souvent, et se renouvelle encore tous les jours, sinon avec le même éclat, du moins avec des circonstances aussi singulières.

Arsène avait donc été favorisé d'un de ces miracles où la justice semble s'effacer devant une intention particulière de miséricorde. Entré dans l'église, l'esprit en révolte contre l'ordre providentiel, il quitta le saint missionnaire, apaisé, confiant, heureux ; éprouvant, pour la première fois, la joie d'une âme éclairée de sa vraie lumière. Il revit, le lendemain, le Père Thuriau, et lui déclara qu'il renonçait à Paris, aux agitations du monde, pour se livrer, dans la retraite et le recueillement, à l'étude de la religion, à l'étude de son propre cœur qui ne désirait rien tant, aujourd'hui, que d'arriver à se rendre digne du sacerdoce. Il voulait, auparavant, retourner à Kerfautras, obtenir le pardon de son père, embrasser sa sœur ; les entretenir, l'un et l'autre, de sa pensée d'offrir, comme en ex-voto, aux murs ignorés de quelque église de village, sa vie régénérée, tout à coup, devant un autel. Son aïeule, il n'espérait plus la retrouver, persuadé, maintenant que la foi débordait en lui, que sa première impression sur l'incident merveilleux de son duel, était bien la véritable. Il attribuait aussi aux prières d'une sainte l'inexplicable changement opéré subitement dans tout son être. Un Anglais disait d'un Français qui l'avait ramené des abîmes du doute aux consolations religieuses : — Il m'a donné un peu de son beaucoup. — Ainsi, peut-être, il en avait été de la mère Michelin et de son petit-fils. Riche de croyances, riche de vertus, quand l'âme de la pauvre vieille se présenta devant son doux Maître, un peu de son beaucoup fut distrait au profit d'Arsène, qui n'avait jamais cessé d'être pour elle l'objet de la plus tendre affection.

Dieu, si magnifique dans ses récompenses, en trouverait-il de plus belles que ces grâces de conversion pour un fils laissé en péril?

Arsène prit donc sans retard la route de Brest. Le prodigue de la parabole n'avait pas dit d'un cœur

plus touché : — Je me lèverai; j'irai vers mon père ;
je lui dirai : J'ai péché contre le ciel et contre vous.

— Aucune appréhension n'empoisonnait ce retour :
n'ayant plus de petitesses à cacher, de réserves à
faire, au-dessus des curiosités malignes, des caquets
frivoles, le nouveau chrétien se sentait libre, fort ; il
prenait l'essor des sommets élevés, et non pas d'un
sol fangeux où l'air eût encore une fois manqué à
ses bons désirs. Combien, dans son empressement
d'arriver, il eût béni les voies rapides qui couvrent,
à présent, la France et se rapprochent tous les jours
de la cité qu'il allait revoir ! Il fallait attendre : supporter la lenteur des chevaux, l'insouciance des
postillons, demander à la patience un mérite de plus !
Enfin, voici la Bretagne ! voici Nantes, Vannes, Auray, Lorient ; une heure encore, et le Finistère apparaît. Salut à Quimperlé, à ses eaux, à ses ombrages chantés avec tant d'amour par Brizeux, notre
Théocrite ! Salut à Quimper, à ses tours, alors inachevées, et terminées, depuis, avec la fierté bretonne comptant sur elle-même ; la fierté bretonne,
préférant à des largesses demandées ailleurs, l'obole des hommes du pays, le sou de Saint-Corentin !
Les clochers de Saint-Houardon et de Saint-Thomas
annoncent au frère de Jeanne les bords de l'Elorn :
il n'est plus qu'à cinq lieues de Brest ; et pas un
coteau parmi ceux qui se découvrent devant lui qui
ne lui soit familier. Le fouet du postillon fait accourir sur la place, au bord du grand chemin, la popu-

lation enfantine de Guipavas et du Pont-Neuf... Oh!
conducteur! arrêtez un seul instant avant de gravir
la montée du Pont-du-Jour; le voyageur ira, plus
tard à la ville, vous demander ses bagages; là-haut
est la maison paternelle : il ne passera point devant
cette maison sans y entrer! D'un côté de la route,
l'attelage, essoufflé, monte en faisant quelques circuits; de l'autre un joyeux piéton grimpe, court,
et reconnaît devant lui le village de Kerfautras.
Bonne maman Michelin, que n'étiez-vous encore là,
votre mouchoir à la main, le châle orange flottant
derrière vous; et, même, la cornette un peu de travers! Cette fois, auriez-vous eu pour témoin le monde
entier, que votre enfant chéri se fût jeté dans vos
bras, qu'il vous eût pressée sur sa poitrine, avec
des soupirs, avec des baisers, avec le nom mille fois
répété de grand'mère, grand'mère!

Hélas! la mère Michelin, depuis environ deux
mois, dormait son dernier sommeil dans le cimetière
de Lambézellec. Les joies de ce monde sont pleines
de mécomptes et de contre-temps : naguère, l'aïeule
arrivait trop tôt pour le petit-fils; aujourd'hui, le
petit-fils arrivait trop tard pour l'aïeule.

Mais, devant une porte ouverte, vis-à-vis du télégraphe, un homme, en habits de travail, était assis
auprès d'une jeune femme, berçant amoureusement
un nouveau-né dans ses bras. Arsène s'élança vers
eux : — Mon père! ma sœur! et jetant ses bras autour du cou de Michelin, qui eut à peine le temps de

le reconnaître, il versa sur les joues brûlantes de son père ces larmes de repentir, ces bonnes larmes qui sont des promesses et des espérances. Personne ne se fût mépris à de pareilles effusions d'amour ; et le serrurier de Kerfautras aurait-il eu, d'abord, la pensée de se refuser à ces caresses, qu'il eût bien vite changé de résolution en interrogeant les yeux du voyageur. Il y a des regards comme il y a des pleurs, plus éloquents que toutes les paroles.

La surprise de Jeanne égalait sa joie ; mais à cette joie se mêlait l'inévitable regret.

— Ah ! si grand'mère le voyait ! disait la jeune femme, dont les vêtements noirs avaient déjà confirmé les pressentiments de son frère.

— Elle nous voit, répondit Arsène en sanglotant; et je lui promets, et je jure à Dieu, devant elle, de n'avoir plus qu'un but, qu'une pensée, l'accomplissement rigoureux de mes devoirs de fils, de chrétien, et, s'il plaît au ciel, de prêtre !

Ce dernier mot causa, d'abord, un grand étonnement à Michelin et à sa fille. Ils conduisirent Arsène dans l'intérieur de la maison, et les explications commencèrent.

La confession du jeune homme fut complète, sans détours, sans ménagements.

Jeanne, à son tour, raconta les derniers moments de la mère Michelin.

— Le mal, dit-elle, faisait tous les jours de rapides progrès, et déjà M. le recteur avait apporté le saint viatique. Grand'mère ne parlait encore que fort peu, seulement aux paroles qui, de temps en temps, lui échappaient, il était facile de voir que sa pensée ne quittait pas un instant son petit-fils. Un soir, la veille de sa mort, j'étais assise au pied de son lit, et mon père tenait une de ses mains dans les siennes.

« Michelin, dit-elle en élevant la voix, nous allons bientôt nous quitter, et c'est à toi, le meilleur des fils, de me donner une dernière consolation. Un jour ou l'autre, Arsène reviendra, et je ne voudrais, pour lui, que de bons traitements dans la famille. Ce que tu m'as vu faire pour l'aider à marcher lorsqu'il était tout petit, et que le nez en l'air, jetant, à l'étourdie, ses pieds et ses mains, on aurait cru le voir tomber à chaque pas, il faudra, peut-être, le recommencer avec patience et douceur. Toi, mon gars, tu n'as jamais trébuché qu'au temps où je te suivais aussi, l'œil au guet, te soutenant de mon mieux au moyen de mes lisières; mais lui, même à présent et devenu plus sage, j'ai peur que dans le droit chemin, il ne marche pas du premier coup sans broncher. A cela que dire, sinon qu'il ne faut pas se décourager trop vite avec les enfants ni avec les hommes? Le bon Dieu le sait; nous devrions aussi le savoir, et c'est pourquoi, je te le rappelle ici, mon garçon. Michelin, il m'a promis de revenir, promets à ton tour, lorsqu'il reviendra, de ménager un tantinet sa faiblesse, et, surtout, à l'avenir, de ne jamais lui fermer ta porte. »

Papa, continua Jeanne, prit cet engagement, aujourd'hui si doux à remplir.

Le lendemain (c'était, d'après ton récit, le jour même de ta malheureuse rencontre à l'ancien village), notre chère malade voulut voir la mer, et comme elle ne pouvait se lever, nous roulâmes son lit devant la fenêtre. Je crois t'avoir écrit qu'elle passait souvent des journées entières à la même place. Cette fois, nous la vîmes bientôt s'agiter, et ce que tu viens de nous apprendre de merveilleux, de surnaturel, donne une importance singulière à des paroles qui nous semblaient, jusqu'ici, l'effet du délire.

« Jeanne, Denis ! s'écria-t-elle ; il est en danger, et c'est le moment de l'avertir ! »

Nous cherchâmes, Denis et moi, à la rassurer, et je plaçai dans ses mains tremblantes le crucifix qui pendait à son rosaire. Elle le saisit aussitôt, et le pressa sur ses lèvres, en fermant les yeux et priant tout bas. Papa entrait dans la chambre ; il la vit ainsi, et crut qu'elle dormait. Il posa son doigt sur sa bouche pour nous recommander le silence, et vint s'asseoir à côté de nous. Alors, elle nous regarda, et je n'oublierai jamais la sérénité répandue, tout à coup, sur son visage.

« Michelin, dit-elle d'une voix à demi-éteinte, il reviendra, car le Seigneur est trop bon pour le rappeler en état de péché mortel. »

« Oui, ma mère ; oui, il reviendra ; et je suivrai

vos conseils, » répondit notre père en prenant une de ses mains qu'il trouva froide, ce dont il nous prévint par un nouveau signe.

« Seigneur! délivrez mon âme! reprit la mourante; vous savez qu'il est temps pour lui et pour moi! »

Nous allions commencer les prières des agonisants.

« J'arrive, mon enfant, j'arrive! » continua grand'-mère en agitant sa main restée libre. « Priez pour lui; priez pour moi! » murmura-t-elle ensuite, tandis qu'un effort suprême la soulevait et dirigeait encore ses yeux vers la mer. Denis avançait le bras pour la soutenir lorsqu'elle retomba sans mouvement sur ses oreillers. C'était la fin.

— Non, dit Arsène; c'était moins la fin que le commencement : c'était le salaire après le travail, le repos après la fatigue, le bonheur après la peine.

Le petit-fils de la mère Michelin passa plusieurs semaines dans sa famille; puis, après quelques entretiens sérieux avec un ecclésiastique renommé pour son expérience et sa grande sagesse, il entra au séminaire. M. Gareau, qui n'eût pas manqué de combattre sa résolution, s'il avait pu la connaître, végétait, maintenant, dans une sorte d'idiotisme à la suite d'une seconde ou troisième attaque d'apoplexie, dont un autre effet désastreux avait été de le clouer définitivement dans son grand fauteuil. Arsène le vit dans ce triste état, entièrement livré aux soins d'une gouvernante acariâtre, qu'il s'obstinait à ne jamais nommer autrement que madame Frique. La vérité semblait se venger des longs affronts du maître de langues : il se croyait redevenu enfant par l'âge, comme il l'était par des côtés moins intéressants : et la profession qu'il exerçait, jadis, à Quintin, ne lui sortait plus de l'esprit. Pour comble de disgrâce, sa mémoire avait retrouvé tous les refrains d'autrefois, et les voisins l'entendaient chanter du matin au soir les airs les plus étranges, les plus compromettants pour la dignité d'un ami des lettres. Dans la visite que lui firent ensemble le frère et la sœur, impossible d'en rien tirer sinon qu'il avait toujours prédit que son filleul serait le..... il ne savait quoi, de son père. Le filleul aurait préféré, sans doute, un autre souvenir ; mais ce que celui-ci avait pour lui d'affligeant ne pouvait tenir devant l'effort d'une voix chevrotante entonnant, avec les fioritures les plus incroyables, une chansonnette se rapportant à l'ancien métier. Jeanne essaya vainement de ramener le paralytique à des pensées raisonnables, à des pensées conformes à la situation d'un homme qui s'éteint. Elle parla de la vocation d'Arsène.

— Comment ! comment ! demanda M. Gareau en interrompant sa musique.

— Il veut être prêtre, continua la jeune femme en appuyant sur le mot.

— Il veut être quoi ?.... ramoneur ?

— Oui, mon cher parrain, dit le filleul, avec un sourire qui n'était pas sans quelque tristesse, un ramoneur de consciences.

Nous n'avons que peu de chose à ajouter pour terminer cette histoire.

Dans une des paroisses les plus petites, les plus ignorées de l'arrondissement de Brest, on voit souvent un vieillard d'une taille élevée, et portant une veste de gros drap qui semble annoncer un artisan, se diriger vers le presbytère où sa présence est toujours accueillie avec bonheur. Pour se rendre là, cet homme a fait, à pied, quatre ou cinq lieues; mais en se rapprochant de l'église confiée depuis longtemps à la vigilance de son fils, la satisfaction qu'il éprouve est telle qu'elle le dédommagerait amplement de fatigues beaucoup plus sérieuses. L'hospitalité du recteur n'est pas somptueuse : son logement, sa cave, sa cuisine rivalisent de simplicité, et, toutefois, d'autres que ce bon vieillard, en prenant place à sa table, en le voyant s'imposer toute espèce de privations pour aider plus efficacement les pauvres, éprouvent un sentiment de bien-être qui, jusque-là, ne leur était point connu. Esprit grave et méditatif, l'abbé Michelin n'a pour tout objet de luxe, dans sa maison, que deux ou trois cents volumes rangés avec ordre sur des étagères de sapin. Parmi ses confrères, plusieurs s'étonnent qu'un homme d'un pareil mérite demeure enseveli au fond des campagnes : ils ignorent qu'il a repoussé des offres brillantes, heureux d'avoir vaincu son ancien ennemi, et frémissant à la pensée qu'il pourrait le retrouver encore et s'en laisser vaincre de nouveau, s'il abandonnait une obscurité propice pour un poste mieux en évidence, entouré de plus d'honneurs.

C'est, d'ailleurs, dans sa pauvreté, son humilité ; c'est dans la vénération qu'il inspire à quelques centaines de paysans qu'il a réalisé, enfin, la prédiction de M. Gareau, qu'il est devenu l'orgueil, et ce qui vaut mieux, la joie, la bénédiction de sa famille.

LA MAISON

AUX TROIS SONNETTES

LA MAISON
AUX TROIS SONNETTES

I

Si les voyageurs attirés à Broons par le grand nom de Duguesclin n'étaient généralement mal disposés en ne retrouvant plus le château de la Motte où naquit l'héroïque Bertrand, ils remarqueraient sans doute, à vingt pas du pont Corbin, une maison modeste, n'ayant qu'un étage surmonté de mansardes, mais tellement agréable par sa propreté et sa gentillesse, que pas un officier en retraite, pas un petit rentier ne peut la voir sans désirer aussitôt y habiter. La singularité de cette maison, c'est qu'entre les deux fenêtres du rez-de-chaussée, et se balançant sur une porte dont la couleur verte s'unit à merveille aux festons d'une vigne souvent couverte de fruits, trois cordons de sonnette annoncent aux passants deux choses en apparence contradictoires : l'une, la réunion de trois ménages sous un toit qui semblerait déjà un peu étroit, l'aisance admise, pour en abriter un seul; l'autre, des habitudes d'élégance bien rares en Bretagne, parmi les personnes qui par nécessité ou par goût, se contentent d'une pièce ou deux pour loger toute une famille.

Expliquons d'abord le mystère des trois sonnettes.

Le rez-de-chaussée et l'une des deux chambres du premier étage sont habités par mademoiselle Tiphaine Raguenet, dont la chevelure grisonnante accuse un demi-siècle, et, conséquemment, un célibat persistant et endurci. A ses yeux, le changement d'une lettre dans un nom est chose tout-à-fait insignifiante; aussi a-t-elle la prétention de descendre d'un certain Mathurin Raguenel, beau-frère ou cousin de l'illustre connétable, et n'est-elle pas moins fière de sa naissance que de son titre de propriétaire d'une maison à trois fenêtres de façade, avec cour, puits et jardin. Quinze cents francs de rente ajoutés à ces avantages lui donnent encore le droit de lever la tête un peu plus haut que ses voisines, et ce droit, il faut avouer qu'il n'est pas mis en oubli par une femme à laquelle on a reproché des airs de princesse, même à l'égard des astres de la mairie et de l'enregistrement. Du reste, les observations et les quolibets ne la touchent point : Après tout, dit-elle, les faits sont les faits, et sans la mort prématurée de mon père et d'autres malheurs de famille, les envieux auraient occasion d'enrager plus encore. Qu'a-t-on, d'ailleurs, à se plaindre? Je ne méprise personne. On connaît, je pense, mon intimité avec cette pauvre Rose Vély, ma locataire du premier, et mes égards pour les orphelins de la mansarde. »

Et ceci est vrai. Fière avec les fiers, souvent au delà de toute raison, Tiphaine se fait neuf fois sur dix humble avec les humbles. Les médisants affirment qu'il y a de l'orgueil même dans cette condescendance. Laissons dire les médisants ! Les petits souffriraient moins s'ils ne rencontraient jamais l'orgueil des grands que sous une forme polie et bienveillante.

Si nous agitons, maintenant, le cordon de la seconde sonnette, nous verrons accourir une petite personne un peu plus âgée que mademoiselle Raguenet, et dont le regard vif, le sourire encore jeune, le front sans rides, annoncent le contentement et la paix. Cependant, mademoiselle Vély a connu de bonne heure le deuil et les privations. Elle avait à peine quatre ans, lorsqu'en 1809, son père, l'un des chefs secondaires de la chouannerie, fut exécuté à Vannes, avec Saint-Hilaire et Poulchasse, à la grande consternation de la famille presque uniquement composée de fonctionnaires. Alors, comme toujours, les adorateurs du pouvoir ne s'exposaient pas volontiers à devenir suspects par trop d'indulgence ou de pitié pour ceux qui n'étaient point les amis de César; aussi ne fut-ce pas sans appréhension qu'un parent, un peu moins dur que les autres, ouvrit à la détresse de la veuve une petite masure qui avait longtemps servi de remise avant sa dégradation. Il fallait toutefois se faire pardonner par les hommes du jour un cousinage compromettant, et, pour maintenir l'équilibre entre l'intérêt personnel et la conscience satisfaite, le père Raguenet n'imagina rien de mieux que de borner ses largesses à cet abri misérable offert à madame Vély.

— Je sais qu'elle manque de tout, disait-il complaisamment à son entourage ; mais si mon dévouement à l'Empereur ne va pas jusqu'à laisser mourir de froid, dans la rue, la compagne fanatisée d'un affreux conspirateur, surtout quand la mère de cette femme était la cousine germaine de mon aïeule, je rendrais un mauvais service à mon pays, en détournant entièrement de la veuve et de l'enfant d'un coupable, une expiation nécessaire. La mère et la fille pénétreront dans un intérieur où elles ne verront que des exemples de fidélité à notre glorieux souverain ; ces exemples rendus plus frappants par le bien-être qui les explique produiront leurs fruits ; seulement, je le répète, dans l'intérêt social et même dans l'intérêt de la pauvre folle, il faut une leçon; il faut un travail opiniâtre; il faut des fatigues, des privations, pour arriver enfin à cette conclusion salutaire qu'un principe vaincu a toujours tort, et qu'un gouvernement, quel qu'il soit, est le meilleur tant qu'il est debout, les puissances tombées n'ayant d'autre avantage à nous offrir que de partager leur chute.

Les amis applaudissaient, et madame Vély acceptait avec plus d'amertume que de reconnaissance la situation singulière et difficile qui lui était faite. Repoussée par ses parents les plus proches, elle espérait, en conservant des relations avec celui-ci, se ménager plus tard un moyen de réconciliation. Sans autre ressource qu'un travail mal rétribué, elle résolut de suffire à tout, et ne perdit pas courage, même en reconnaissant que le produit de ses veilles ne pouvait procurer autre chose à son enfant que la nourriture grossière en usage dans nos campagnes. Du reste, se défiant à bon droit des aspérités de la vie, cette femme éprouvée s'affligeait encore moins de n'avoir que du pain noir à donner à sa petite fille qu'elle ne se fût alarmée d'une existence trop choyée à son début. La sévérité de son système d'éducation allait jusqu'à la privation presque complète de ces caresses qui sont une joie pour les mères, et qu'elle redoutait, pour sa part, une certaine mollesse se mêlant toujours aux effusions les plus naturelles et les plus permises. Rose ne se rappelait qu'une circonstance dans laquelle sa mère avait fléchi sur ce point. Voici comment la chose arriva :

Madame Vély n'habitait que depuis peu de mois la masure de M. Raguenet lorsque Tiphaine, encore au berceau, donna de sérieuses inquiétudes à sa famille. L'enfant dormait peu, mangeait à peine, et les soins les plus assidus de sa mère et de sa nourrice ne pouvaient réussir à l'égayer. Le médecin conseilla la présence fréquente d'une petite compagne de quatre ou cinq ans ; c'était justement l'âge de Rose, et celle-ci fut demandée à la veuve pour amuser la fille de son *bienfaiteur*. Pendant trois semaines, Rose passa plusieurs heures chaque jour avec la malade qu'elle finit par ranimer ; mais lorsqu'elle rentrait au logis pour prendre ses repas, ses traits fatigués, sont teint pâle et surtout l'absence de sa gaieté naturelle auraient frappé tous les yeux. L'orpheline, à son tour, perdit l'appétit et le sommeil, et celle qui la chérissait uniquement et passionnément, malgré sa sévérité apparente, se demanda si la maladie de la cousine était contagieuse. De fréquents soupirs, des larmes même témoignaient d'une tristesse inconcevable dans un si jeune cœur. La mère multiplia les questions, et pour encourager un aveu, elle prit la petite fille sur ses genoux et la pressa tendrement contre sa poitrine ; après beaucoup d'instances, la veuve apprit que tous les jours, pour décider Tiphaine à prendre les mets délicats qu'on lui offrait, on ne voyait rien de mieux que d'avancer d'abord la cuillère jusqu'aux lèvres de la pauvre Rose qui, hélas ! n'avait pas le droit d'y toucher.

— Comment, ma mignonne, disait la nourrice de sa voix la plus engageante, tu ne veux pas manger de ces bonnes choses? Allons, c'est Rose, alors, qui les mangera. Tiens, Rose, tiens!... Non, non, vilaine gourmande! c'est pour Tiphaine! c'est pour ma chérie!

Et la scène se renouvelait sans cesse, et la stupidité de la paysanne, et l'égoïsme des parents de Tiphaine n'allaient pas jusqu'à comprendre la barbarie d'un jeu pareil à l'égard d'une enfant de quatre ans qui vivait d'un morceau de pain noir! Madame Vély en fut indignée, et la santé affaiblie de Rose lui servit de prétexte pour mettre fin à ce supplice que l'imagination des poëtes a jugé digne du Tartare. L'anneau de mariage fut vendu, et l'argent qu'on en retira consacré à fournir, pendant quelques jours, une nourriture meilleure à l'orpheline.

Plus de cinquante années se sont écoulées depuis cette époque, et Rose ne parle jamais sans attendrissement du sacrifice que lui fit sa mère. Un autre souvenir du même temps l'émeut aussi. Un jeune employé de M. Raguenet, touché en la voyant les mains vides un jour d'étrennes, dans une maison où les cadeaux abondaient, lui donna en grand mystère une boîte de soldats qui fit ses délices. Le jeune employé s'est marié, il est mort, sa compagne l'a suivi de près, mais il a laissé deux enfants que la vieille fille protège de ses bons avis et de ses prières. Chose bizarre, Hilarion et Améline, les enfants de l'ancien ami, ne se présentent à la pensée de Rose qu'entourés d'une troupe de hussards éternellement collés sur des chevaux de bois, et qui leur font, à ses yeux une garde d'honneur.

C'est mademoiselle Vély qui a su doucement attirer le frère et la sœur dans les mansardes de la maison du pont Corbin. La jeune fille avait alors quinze ans et le jeune homme treize. Depuis, l'héritage qu'ils avaient recueilli de leurs parents ne pouvant suffire à leurs besoins, ils ont trouvé moyen d'y suppléer par le travail. En 1858, époque où commence notre histoire, Améline brodait avec une perfection reconnue dans tous les manoirs des environs, et Hilarion occupait à l'enregistrement un petit emploi. Enfin, comme mademoiselle Vély qu'une rente de six cents francs contentait pour toutes les exigences de la vie, ils n'auraient eu l'un et l'autre qu'à se louer de leur situation, si la santé d'Hilarion n'avait été pour Améline une cause d'inquiétudes fréquentes.

II

Donc le 29 juillet 1858, Améline était justement dans une de ces dispositions mélancoliques bien connues de ses deux voisines et qu'elles s'attachaient à combattre. Assise dans le grand fauteuil de cuir que le père mort avait laissé vide, mademoiselle Vély écoutait la confidence attristée de sa jeune amie.

Très-certainement, au lieu de prendre des forces avec l'âge, Hilarion déclinait de plus en plus. Un mal inconnu le minait intérieurement; puis (comment ne pas le reconnaître?) si l'année précédente on remarquait déjà ses épaules voûtées, sa taille épaisse, maintenant il était contrefait. Ce dernier mot, plutôt soupiré que prononcé, s'échappait pour la première fois des lèvres d'Améline. Les plus sincères reculent longtemps l'aveu de certaines disgrâces, lorsqu'il s'agit surtout de l'objet particulier de leur affection.

Laissant aux gens du monde les dénégations qui ne trompent personne, et dont notre faiblesse s'arrange pourtant quelquefois, Rose accepta la question dans sa vérité la plus cruelle. Ennemie déclarée des paroles creuses, des consolations banales, spécifique de convention donné et reçu plutôt avec politesse qu'avec compassion et reconnaissanse, la fille du supplicié avait appris de sa mère à considérer les différentes épreuves de la vie comme trop sérieuses pour ne pas être traitées sérieusement. Elle reconnut donc sans difficulté la difformité d'Hilarion, ajoutant seulement que la santé du jeune homme traversait une crise après laquelle ses forces reviendraient peu à peu.

— Quant à vous, mon enfant, continua-t-elle, vous auriez tort de vous affliger outre mesure de ce qui est, peut-être, un bonheur pour votre frère. Beau, robuste, recherché dans le monde, la compagnie de sa sœur aurait moins de charme pour lui que celle des jeunes gens de son âge, et nous ignorons, vous et moi, les conséquences d'un pareil changement. Il y a des infirmités morales bien autrement hideuses que les difformités physiques, et celles-là sont devenues communes à ce point, qu'il n'est pas une mère qui n'ait à les redouter pour son fils. Comment espérer pour un orphelin de dix-huit à vingt ans, enivré par le succès et privé, dans ses tâtonnements périlleux, des lumières et de l'autorité paternelles, comment espérer qu'il échappera toujours, comme par enchantement, à la contagion du mal ? — Ici, au contraire, la plupart des tentations particulièrement redoutables se trouvent écartées par le désir qu'éprouve un esprit défiant, un cœur malade, de se réfugier sous la protection d'une affection sincère et reconnue telle depuis le berceau. Mon Dieu ! j'ai été jeune comme vous, et me voilà bien près de la vieillesse ; j'ai eu des jours sombres, j'ai eu des jours de soleil, et si une vérité m'a été clairement démontrée par l'expérience, c'est le peu de sagesse de nos plaintes devant ce qui nous parait un malheur, comme de nos transports de joie devant une apparente prospérité. Il y a, en effet, d'heureux malheurs et des bonheurs lamentables. Les uns et les autres passent vite, en laissant leurs fruits derrière eux, et, croyez-le, quand nous jugeons l'arbre après la récolte, notre admiration est pleine de surprises. Toutes les situations, d'ailleurs, ont des avantages à côté des inconvénients, et si nous souffrons des uns, nous devons au moins profiter des autres.

Un sourire confiant et doux avait remplacé sur les lèvres de la jeune fille l'expression douloureuse qu'on y trouvait un instant auparavant.

— Mon père, dit-elle, vous nommait Sérénité, mais il aurait pu vous appeler aussi Consolation. Que vous êtes heureuse, amie, dans la vie que vous vous êtes faite, de semer ainsi, sans compter, partout où l'on pleure, partout où l'on craint, partout où l'on doute, les inspirations de votre bon cœur ! A l'œuvre du matin au soir, et quelquefois du soir au matin, quand vous passez la nuit au chevet d'un pauvre malade, vous apaisez les douleurs autour de vous, moins encore peut-être par vos leçons que par votre exemple, et les murmures se changent en bénédictions. Aussi, je ne vous ai jamais vue triste, si ce n'est dans les moments où, arrivant au bout de votre rente si modique, vous ne pouviez soulager à votre gré quelque malheureux manquant de tout. Oh ! sans doute, des trésors feraient merveille entre vos mains charitables ; et pourtant que seraient-ils, comparés à ce don d'émouvoir et de persuader que vous possédez si bien !

Une rougeur subite colora les joues de la bonne Rose, car il est des femmes dans toute la maturité de l'âge, que l'éloge le plus mérité rend aussi confuses que le serait une petite pensionnaire. Sérénité ou Consolation (les deux noms lui convenaient autant l'un que l'autre) reprit cependant avec un accent de tendresse inimitable :

— Ma chère Améline, ne me louez point de ce qui est à la fois l'accomplissement d'un devoir impérieux et la félicité la meilleure. Que vouliez-vous que fît une pauvre fille isolée, sinon chercher au-dehors, des liens de famille dénoués pour toujours dans sa maison? Du moment où la mère qui m'a mise au monde m'y a laissée seule derrière elle, j'ai compris que je devais mettre mes soins à trouver parmi les affligés d'autres affections qui seraient, en quelque sorte, la monnaie d'un amour jusque-là unique. J'ai lu, et, comme toutes les personnes qui vivent dans la solitude, après mes lectures, j'ai parfois réfléchi longuement. Eh bien! je me suis arrêtée ainsi à ce nom d'*aide* que Dieu a donné à la première femme, et je me suis dit qu'il y avait là un enseignement pour toutes les filles d'Ève. Celles d'entre nous qui ne vivraient que pour elles-mêmes tromperaient les desseins du ciel. Dieu a dit au soleil de nous éclairer, et le soleil nous éclaire, et si comme le soleil, tout remplit dans la création la mission imposée par le Créateur, la femme ne peut échapper à l'obligation qui lui est faite d'*aider*, de secourir ceux qui ont besoin de son assistance. L'égoïsme, chez l'homme, est sans doute bien condamnable; mais, chez la femme, c'est une monstruosité. Filles, épouses, mères, le dévoûment nous réclame, et lorsque nos parents ne sont plus, lorsque, demeurées dans le célibat, nous ne sommes ni épouses ni mères, suivant la nature, la charité est là pour faire de nous des sœurs et des mères suivant la grâce.

Améline avait saisi la main de Rose avant que celle-ci eût cessé de parler.

— Oui, s'écria-t-elle, vous avez raison ; ni lui ni moi ne serons à plaindre, si je m'étudie à le rendre heureux. S'il n'eût pas été ainsi disgracié, le pauvre garçon, il eût songé au mariage. Eh bien ! même à l'heure des regrets, je veux l'entourer de soins si empressés et si délicats, qu'il arrivera à reconnaître lui-même qu'aucune autre femme n'aurait pu l'aimer autant que sa vieille sœur. Cet aveu, j'entends bien le mériter, et, ne riez pas de ma vanité, j'en suis déjà fière. Je sais que mademoiselle Raguenet avait des plans différents pour mon avenir ; je sais, du moins la bonne demoiselle me l'assure, qu'un jeune homme que j'ai rencontré quelquefois... Mais non, il faut à celui qui n'aura que moi sur la terre une affection sans partage. Allons, je voudrais savoir pourquoi je pleure, à présent ? Je connais à peine M. Lucien, et, malgré son air de douceur et de bonté, j'ignore s'il n'eût pas été un mauvais mari. Laissons-le choisir ailleurs une compagne et réjouissons-nous, pour notre compte, d'échapper à l'isolement ordinaire du célibat dans la société d'un premier ami. Ici, point de fâcheuses découvertes à craindre ! Ce que nous sommes, nous le savons bien, et le vieux garçon comme la vieille fille pourront s'épauler mutuellement en parfaite sécurité. Nous voyez-vous, le front ridé et portant lunettes, causant ensemble de ce qui nous chagrinait à vingt ans? Nous eussions préféré alors ceci ou cela, à la bonne heure ; mais nous serons arrivés pourtant à la fin de la vie, et une fois là, n'est-il pas vrai? l'idée d'un sacrifice accompli bravement pour remplir un devoir est plus agréable que celle de la réalisation la plus complète de nos chimères de jeunesse.

Au moment où la sœur d'Hilarion prononçait ces dernières paroles, la porte s'ouvrit et donna passage à une femme d'une rotondité imposante.

— Qui parle de chimères? dit-elle d'une voix un peu étranglée ; ne serait-ce pas la cousine Vély, toujours dans les nues, tandis que moi, chargée de trop d'embonpoint pour songer à quitter la terre, je vais me traînant cahin-caha?

Et Tiphaine se jeta tout essoufflée dans l'unique fauteuil, que Rose s'était empressée de lui offrir.

— Mademoiselle, répondit Améline en souriant et les yeux encore humides, je viens de prendre une résolution, et je vous demande à toutes les deux de me donner place parmi les coiffeuses de sainte Catherine.

Le double menton de Tiphaine fit une évolution singulière, tandis que sa lèvre inférieure essayait une petite moue que l'autre lèvre s'obstinait à ne pas laisser aboutir.

— Qu'est-ce donc? murmura-t-elle avec un haussement d'épaules significatif ; cette fillette a vingt ans à peine, et cela se pose en personne d'âge, comme ne le ferait point l'ancienne du quartier ! Patience ! ma petite ; d'autres viendront remplacer M. Lucien, et, dans le nombre, il s'en trouvera un plus à votre gré. Mariez-vous, c'est le mieux ; et si vous demandez pourquoi je n'ai pas prêché d'exemple, je vous répondrai franchement qu'il y a des positions exceptionnelles. Peu de familles à Broons pouvaient prétendre à l'honneur de s'allier à nous, et le nom de Raguenet ou Raguenel, car c'est tout un, a été pour les jeunes gens un épouvantail. Un seul César Rabotin, ce fat que Rose doit se rappeler, et qui mourut d'une indigestion de homard, osa m'adresser quelques mauvais vers dans lesquels il se posait en victime. Ici, je le confesse, j'ai dit non, et un non bien sec, au grand scandale de Pétronille, la sœur du bedeau, qui prétendait qu'on ne pouvait, sans péché, refuser un sacrement. J'étais furieuse : une Raguenel devenir une Rabotin ! mais de pareilles choses seraient le renversement de la société.

Sans avoir une confiance illimitée dans l'illustration de la famille de Tiphaine, Rose et Améline convinrent que leur amie était dans son droit en refusant de porter le nom peu aristocratique de Rabotin. Elles ajoutèrent seulement qu'il y avait, en ce monde, des obligations plus importantes encore que celle de repousser à tout prix une mésalliance, et, à leur avis, les soins à donner à un frère malade étaient de ce nombre, Tiphaine n'insista plus que faiblement. Sa bonté naturelle, bien que d'un ordre inférieur, comprenait l'abnégation chez autrui et l'admirait sincèrement. La tête penchée dans une attitude méditative, les mains jointes et les yeux fixés sur ses deux pouces, lancés dans un exercice de rotation extraordinaire, elle finit par ce monologue prononcé à demi-voix, comme une confidence qu'elle se serait faite à elle-même.

— Tout cela est vrai, et, cependant, il y aurait peut-être un moyen d'arranger les choses. Par moment une idée me traverse l'esprit. Nous sommes quatre dans cette maison, et nous formons trois ménages qui pourraient fort bien se réunir et n'en faire qu'un. Dans une famille composée de quatre membres, un mariage deviendrait possible sans que personne demeurât seul. J'entends les objections : j'ai quinze cents francs de rente, cette maison, de la fortune enfin, et, entre nous, les parts ne seraient pas égales ! Est-ce prouvé? Non, car dans la vie commune, le peu de chacun deviendrait beaucoup pour tout le monde. En outre, si j'apportais à la bourse une somme plus ronde, d'autres en retour, donneraient les soins nécessaires à ma santé. L'ennui me gagne, et quand je me plains au docteur de manquer d'appétit. « C'est l'effet de l'isolement, dit-il, cherchez à vous distraire ; le meilleur remède pour vous serait d'avoir toujours à votre table un visage ami. » Assez défiante, je me demandais d'abord si le conseil ne cachait pas quelque piége; mais non, le médecin était au régime, et il refusa obstinément un très-bon dîner que je me crus dans l'obligation de lui offrir.

Mademoiselle Vély se préparait à répondre à sa cousine, lorsqu'un nouveau personnage se précipita dans la chambre et, vint occuper l'attention des trois amies.

C'était un jeune homme de petite taille et contrefait. Son teint était pâle, ses traits allongés, sa bouche grande et d'une expression pleine de souffrance. Du reste, toute sa personne avait un aspect maladif, la vie n'était plus que dans ses yeux, qui brillaient d'un éclat extraordinaire.

— Améline, s'écria-t-il, ayant peine à respirer et les deux mains sur sa poitrine haletante, Améline, et vous, mes bonnes demoiselles, descendez, je vous prie, et dites ce que nous pouvons faire les uns et les autres pour une pauvre vieille qui est là assise, ou plutôt couchée sur la marche où elle est tombée, vaincue par la fatigue et peut-être le besoin de nourriture. Nous avons échangé quelques paroles, et le cœur me saignait en l'écoutant.

Il ne fut pas nécessaire de répéter l'invitation. En quelques secondes, les trois voisines arrivèrent au bas de l'escalier, Tiphaine un peu en arrière. Elles virent un spectacle digne de pitié. Une femme d'un âge très-avancé, et dont les cheveux blancs s'échappaient d'une petite coiffe de Roscovite, se tenait contre la porte, les jambes repliées sous un jupon couvert de poussière, la tête appuyée sur un mauvais sac de soldat, qui, un instant auparavant, chargeait ses épaules. Brisée par de longues heures de marche, cette femme trouvait à peine la force de répondre aux questions qu'on lui adressait. Elle revenait de Versailles et se rendait à Roscoff; le peu d'argent qu'elle avait était épuisé ; à bout de forces et ne sachant où trouver un abri pour s'y reposer, elle s'était couchée devant cette porte, espérant ne pas déplaire, et persuadée qu'elle mourrait dans la nuit, ce qu'elle désirait beaucoup.

Interrogée sur son âge : « J'ai eu, dit-elle, quatre-vingts ans à la Saint-Pierre, » ce qui provoqua de la part de tous un mouvement de compassion.

— Vous ne pouvez rester ici, ma bonne mère, dit Rose de sa voix la plus sympathique, en faisant un petit effort, et soutenue par deux d'entre nous, vous arriverez dans ma chambre et dormirez dans mon lit. Si j'ai besoin de sommeil, une chaise me suffira bien. D'ailleurs, usez de mes soins cette nuit, et ne craignez pas de me déranger : je suis par vocation garde-malade.

— Doucement! interrompit mademoiselle Raguenet ; je ne souffrirai pas un pareil dérangement, moi qui ai deux lits et trois pièces. Bonne mère, c'est moi qui vous logerai jusqu'à demain, et même plus tard si vous désirez vous reposer ici plus longtemps. Je veux vous donner la satisfaction, à votre retour, de raconter à chacun que vous avez reçu l'hospitalité de la petite nièce d'une autre Tiphaine Raguenel, épouse du grand connétable.

Soit ignorance, soit engourdissement de l'esprit causé par une extrême lassitude, la vieille femme ne témoigna ni surprise, ni orgueil en écoutant ces paroles prononcées avec une certaine emphase. Elle essaya pourtant de se lever et y parvint, non sans pousser deux ou trois soupirs. Une main sous le bras d'Améline, une autre sous celui d'Hilarion qui, dans sa faiblesse, chancelait lui-même en soutenant l'octogénaire, celle-ci se traîna lentement jusqu'à la chambre où elle devait passer la nuit. Rose suivait en portant le havre-sac et le bâton laissés à la porte, tandis que mademoiselle Raguenet rassemblait à la hâte quelques aliments pour les offrir à la pauvre vieille, d'ailleurs trop accablée de fatigue pour faire honneur au meilleur dîner.

Une demi-heure plus tard un bruit rassurant s'élevait à travers la cloison derrière laquelle s'était retirée la Roscovite, et attestait un succès plus grand pour le lit que pour la table. C'était un ronflement énergique, et digne de rivaliser avec le grondement des lames et les échos des rochers sur les grèves natales de la voyageuse.

III

Emile Souvestre a comparé la petite ville de Roscoff à une coquille marine accrochée au bas d'un promontoire couvert d'un jardin fertile. « Quelque route
« que vous parcouriez en Bretagne, continue le même
« auteur, vous rencontrez les Roscovites assis sur le
« brancard de leurs charrettes légères, rapidement
« emportés par un petit cheval du pays, et chantant
« une ballade bretonne. Leur costume se compose
« d'un habit de toile blanche et fine sur lequel se
« dessine élégamment une large ceinture de serge
« rouge. Mais le plus souvent, ils se débarrassent de
« leurs habits pour la route, et alors on aperçoit le
« grand gilet vert à manches bleu de ciel qui leur
« presse étroitement la taille. Leurs cheveux noirs
« tombent sur leur cou avec une négligence pittores-
« que, et leur chemise sans collet est fermée par une
« épinglette de cuivre qu'ornent des grains de verre
« colorié. C'est avec ce vêtement leste et gracieux
« qu'ils parcourent les routes sous le soleil, la neige
« et la pluie. Aucun temps, aucun chemin, aucune
« fatigue ne les arrête. Plusieurs vont vendre leurs
« produits à cinquante lieues, et je me rappelle en
« avoir fréquemment rencontré dans les rues de

« Rennes, offrant leurs asperges et leurs choux-fleurs
« avec la même aisance qu'aux marchés de Brest et
« de Morlaix. En 1830, l'un d'eux s'imagina d'aller à
« Paris avec sa petite charrette, son unique cheval et
« ses plus beaux légumes. Il partit, effectua heureu-
« sement son voyage de cent quatre-vingts lieues, et,
« au bout de trois semaines, il était de retour et ra-
« contait à ses voisins émerveillés qu'il avait vu la
« maison du roi, et le roi lui-même donnant des poi-
« gnées de mains aux passants. »

Les Roscovites n'ont donc pas l'esprit casanier ordinaire aux paysans bretons, et moi-même, voyageant
toute une nuit avec l'un deux, qui n'avait pas quatorze ans, je l'ai entendu se vanter d'avoir fait trois
fois tout seul la route de sa petite ville à Rennes. Un
voyage de Paris n'est plus même une rareté pour
ces jardiniers intrépides. Un de mes amis, leur ancien maire, demandait dernièrement à l'un d'eux
des nouvelles de ses enfants. La réponse fut que le
premier vendait des artichauts au marché des Inno-
cents, tandis que le second était à Liverpool pour le
même commerce.

Voilà pour les hommes. Plusieurs femmes les suivent dans leurs excursions, mais la plupart, moins
aventureuses que leurs maris ou leurs frères, ne paraissent qu'aux marchés les plus voisins. Du reste,
les produits du jardinage n'entraient pour rien dans
l'accident qui amenait une voyageuse de quatre-
vingts ans à la porte de la maison aux trois sonnet-

tes. Rendue à la vie par un somme qui ne dura pas moins de dix heures et par un copieux déjeûner, la vieille femme, bien que faible encore, put raconter son histoire.

— J'appartiens, dit-elle dans un français peu correct et qu'il serait puéril de chercher à reproduire servilement, j'appartiens à une famille de commerçants dont le dernier survivant avec moi est un frère, mon aîné d'environ dix ans. Celui-ci, célibataire, mais avare et vindicatif, voulut s'opposer à mon mariage avec un capitaine de commerce nommé Tranquille, et comme je n'écoutais point son avis, il allégua ce motif, après différents malheurs qui me réduisirent à la pauvreté, pour se refuser à me secourir. Mon mari périt en mer; mes enfants moururent aussi l'un après l'autre, et, de tous ceux que j'aimais il ne me resta qu'un petit-fils enlevé par la conscription. Je me mis d'abord à travailler aux champs, mais une paralysie du bras droit me força bientôt à chercher des moyens d'existence ailleurs. Dans ces derniers temps, j'ai vécu de pèlerinages.

— Comment dites-vous cela? demandèrent à la fois Rose, Améline et mademoiselle Raguenet; vous avez vécu de pèlerinages?

— Oui, chères dames, tout le monde n'a pas de bonnes jambes pour aller voir la sainte Vierge à Guingamp ou à Rumengol, sainte Anne à Auray et saint Mathurin à Moncontour, et cependant chacun a besoin de leur aide. Pour tout arranger, ceux qui font un vœu sans pouvoir l'accomplir eux-mêmes louent une pèlerine pour les remplacer. Oh! ce n'est pas lourd, et l'on peut encore, en se cotisant, mettre à moins de frais une pèlerine en route. J'ai fait le voyage d'Auray, entendez-vous, quatre-vingts lieues entre aller et revenir, pour gagner neuf francs! — Neuf francs, c'est le prix; il faut mettre les bonnes choses à la portée de toutes les bourses.

Mademoiselle Raguenet fit entendre un claquement de lèvres qui n'avait rien d'approbatif.

— J'aimerais mieux, répliqua-t-elle, d'autres pratiques de piété qu'un pèlerinage par procuration. Je ne comprends le mérite d'un pèlerinage que par les peines qu'il nous coûte.

Une vivacité maligne brilla dans les yeux de la vieille.

— Eh bien! dit-elle, je pense comme vous, et c'est pourquoi, dans ma conviction que toutes les fatigues du monde coûteraient moins à nos paysans que la dépense de quelques écus, je voudrais les voir doubler le mérite en doublant le prix de la course.

Rose et Améline échangèrent un regard étonné et mécontent. Mademoiselle Raguenet demanda d'un ton un peu sec si la voyageuse venait encore de représenter à Versailles une de ces personnes qu'elle s'obstinait, pour son compte, à considérer comme peu éclairées dans leur dévotion.

L'octogénaire baissa la tête, et les deux mains sur les yeux, demeura quelques instants sans répondre.

— De l'indulgence! dit tout bas mademoiselle Vély à ses deux compagnes; ce marché qui nous attriste est encore un sacrifice pour l'un, et pour l'autre, il peut y avoir aussi un certain mérite par la fidélité de l'exécution. Dans tous les cas, n'est-il pas douloureux de voir une femme de cet âge gagner avec tant de fatigue le pain de ses derniers jours? Au lieu de la juger sévèrement, plaignons-la, ma bonne Tiphaine.

— Oui, cousine, tu as raison, plaignons-la, répondit mademoiselle Raguenet. Et s'adressant à la pèlerine avec l'accent ému qu'elle avait d'abord :

— Je crains, dit-elle, de vous avoir affligée par mes questions indiscrètes.

La vieille femme laissa retomber une de ses mains; l'expression de son visage ridé n'était plus la même. Ses yeux rougis laissaient voir des larmes qui tremblaient au bord des paupières et ne coulaient pas.

— Je n'ai plus la force de pleurer, murmura l'octogénaire avec une sorte de gémissement. Mon petit fils! mon enfant chéri!

— L'auriez-vous perdu? demanda Rose en prenant la main que la pauvre aïeule tenait maintenant sur ses genoux.

— Hélas! oui, le cher enfant était en garnison à Versailles, et voilà qu'un jour, il me fait écrire par un camarade qu'on vient de le porter à l'hôpital, et que la pensée de ne plus me voir est son plus grand regret avant de mourir. Versailles! on m'apprit que c'était bien loin, mais je ne tenais plus au pays : il fallait partir. J'ai marché, marché; la journée ne me paraissait jamais assez longue pour le chemin que j'avais à faire. Vous dire ce que j'ai souffert au bord des routes, lorsque, les membres raidis, j'étais obligée de m'arrêter, serait impossible. Je me suis levée souvent de la place où j'étais couchée, sur la terre, pour aller retomber sans force dix pas plus loin. Je me désolais de ne pouvoir faire plus, et pourtant mieux valait encore, n'est-il pas vrai, m'être rapprochée de dix pas? Ce lit d'hôpital, qu'il me tardait de le voir, et combien la terre est trop grande pour les pauvres gens!... Oh! si j'avais eu une voiture, j'arrivais à temps...; mais non, je devais marcher jusqu'au bout pour qu'on me dise : Il n'est pas ici. — Je demandai alors à un monsieur assis à la porte si l'on me permettrait de voir le lit dans lequel était mort mon petit-fils, et ce monsieur eut la cruauté de me répondre que cela ne se pouvait, le lit étant occupé par un autre. Je restai trois jours à rôder par là, espérant que quelqu'un aurait la charité de me dire où était la fosse de mon cher garçon. Tous me répondaient que de pareilles choses ne sont connues de personne, et que je ferais mieux de retourner au pays sans arrêter ainsi les passants occupés de leurs affaires. Une lettre que je reçus me décida. Mon frère se mourait à Roscoff, et si mon petit-fils eût vécu, j'allais avoir à lui donner, moi, pauvre mendiante, une valeur de plus de cent mille francs.

Un nouveau regard mêlé d'étonnement et de regret fut encore échangé entre Améline et Rose. Cette fois, pourtant, l'expression en était bien différente.

La vieille femme reprit avec amertume :

— Oui, à l'heure qu'il est, la veuve d'Antonin Tranquille est, suivant toutes les probabilités, héritière du beau manoir de Kerhoënt. Des richesses à quatre-vingts ans, et quand on ne laisse après soi ni un parent ni un ami ! Tenez, j'aurais voulu mourir cette nuit à votre porte pour m'épargner un changement de vie qui durera si peu, et dont je serai seule à profiter.

A cette révélation soudaine, Tiphaine éprouva quelque chose qui ressemblait à un éblouissement. Quoi ! cette inconnue qu'elle avait recueillie par charité allait habiter un château ! mais c'était à n'y pas croire. Du reste, la voyageuse paraissait comprendre à merveille le peu d'avantage de sa situation. Usée comme elle l'était par les années, et plus encore par les privations et les fatigues, peu lui importaient des biens arrivés trop tard pour en jouir ; des biens qui, après avoir manqué à sa longue et misérable existence, s'accumulaient ironiquement sur sa tombe.

— Mais au moins, Madame, dit mademoisselle Raguenet, vous devriez écrire à Roscoff pour y demander l'argent nécessaire à votre voyage. Vous ne pouvez songer dans l'état d'affaiblissement où vous êtes, et surtout quand des affaires importantes vous réclament là-bas, à continuer votre route à pied. Une pareille imprudence vous exposerait à périr en chemin.

Le mot *Madame*, employé pour la première fois par Tiphaine, avait ramené un instant sur les traits de la veuve Tranquille l'expression bizarre déjà remarquée par Améline et Rose. Un sourire presque moqueur effleura ses lèvres lorsqu'elle répondit qu'elle se résignerait plutôt à mourir d'épuisement au coin d'un fossé que de rien demander à Roscoff tant que la mort de son frère serait encore incertaine.

Tiphaine proposa d'écrire elle-même au maire de la commune pour prendre des informations. La vieille femme s'y opposa d'une manière formelle.

— Manie de vieillard, disait mademoiselle Raguenet à l'oreille de ses deux voisines.

— Voulez-vous, continua Rose, que nous écrivions d'abord en votre nom à la personne qui vous a déjà renseignée ? Vous sauriez par elle...

La voyageuse ne la laissa pas achever.

— Non, dit-elle, cette personne-là est justement la meilleure joueuse de langue du pays, et je n'aimerais pas à voir tout Roscoff s'occuper de mes affaires. D'ailleurs, encore une fois, richesse ou misère importe peu à qui va mourir.

Mademoiselle Raguenet fronça le sourcil, et la fixité du regard qu'elle attacha sur la Roscovite annonça, pour la première fois, de la défiance. La mère

Tranquille parut s'en apercevoir, car elle se leva aussitôt, dénoua les courroies du havre-sac qu'elle portait la veille sur ses épaules, et en retira un vieux portefeuille de cuir dont elle vida le contenu sur les genoux de Tiphaine.

— Lisez, dit-elle, voici mon passe-port visé pour Versailles, la lettre du camarade de mon petit-fils, et cette autre lettre annonçant que mon frère, à la date du 10 de ce mois, n'avait plus que peu de jours à vivre.

Mademoiselle Raguenet essuya le verre de ses lunettes et s'assura de la vérité des paroles de l'octogénaire. Le passe-port était en règle, l'épître du soldat ne pouvait laisser aucun doute sur le motif du voyage, et la lettre timbrée de Roscoff, et signée d'un nom de femme, annonçait bien la maladie grave d'un frère avec l'invitation de revenir au plus tôt pour recueillir l'héritage du moribond. Tiphaine rougit d'avoir douté un instant, et pour réparer sa faute, elle prit une résolution presque héroïque.

— J'avais l'intention, dit-elle, de donner une petite fête cette année pour l'anniversaire de ma naissance, mais l'argent que je destinais à cet usage sera mieux placé, madame, entre vos mains. Je veux arrêter moi-même votre place à la diligence, et vous prier d'accepter le reste de la petite somme pour couvrir les premières dépenses que vous aurez à faire en arrivant à Roscoff. Ne me répondez pas, cette fois, par un refus. Si je vous voyais partir à pied, et si j'apprenais ensuite quelque malheur, je deviendrais le cauchemar de M. le curé par mes scrupules de conscience.

La vieille femme sourit, et pressa dans ses mains ridées les mains de Tiphaine. Elle acceptait l'offre généreuse de cette dernière, mais seulement à une condition que l'on connaîtrait plus tard. Une pareille déclaration, accompagnée de clignement d'yeux et d'un certain air de tête, donnait beaucoup à penser aux trois voisines.

Et, en effet, le même jour il y eut sur l'escalier une conférence assez longue entre Hilarion et la mère Tranquille. Interrrogé par sa sœur sur cet entretien mystérieux, le jeune homme ne répondit que par des paroles obscures, énigmatiques. L'instant d'après, il sortait de la maison en compagnie de la Roscovite, dont la toilette assez délabrée expliquait mal l'air important du cavalier qui la tenait sous le bras. Une troupe d'écoliers s'arrêta pour les voir passer, et l'air triomphant du frère d'Améline frappa tellement les bambins que l'idée d'un mariage grotesque se présenta aussitôt à leur esprit.

Dans la maison aux trois sonnettes, du rez de chaussée aux mansardes, les têtes aussi étaient en ébullition. On sentait qu'un événement prodigieux était au moment de s'accomplir.

L'absence de la mère Tranquille et de son chevalier ne dura pas moins d'une heure, et le retour que les trois femmes attendaient avec impatience, cachées derrière un rideau, avait quelque chose de plus solennel encore que le départ. Personne ne se permit une question, pas même mademoiselle Raguenet lorsqu'avant de monter dans la diligence, l'octogénaire lui remit un papier cacheté entre les mains, avec recommandation de le conserver comme un témoignage de reconnaissance.

IV

Quarante-huit heures à peine s'étaient écoulées depuis qu'Améline et Rose s'entretenaient des joies de l'abnégation, et que mademoiselle Raguenet, elle-même, émettait la pensée d'une vie commune dans laquelle chacun devait s'entr'aider. Les trois amies se trouvaient encore réunies dans la mansarde, mais la conversation qu'elles s'efforçaient vainement d'animer restait languissante, et, pour la première fois, il leur tardait de se séparer tant était grand l'embarras qu'elles éprouvaient maintenant en présence l'une de l'autre. Que s'était-il passé pour amener un pareil changement ? Une chose sérieuse. Hilarion avait parlé : le papier cacheté était un testament assurant au frère d'Améline un legs de vingt mille francs, et donnant à mademoiselle Raguenet tout le surplus de l'héritage de la veuve Tranquille.

Le fond des cœurs, le voici :

Tiphaine, émerveillée à l'idée de joindre à ce qu'elle possédait déjà une valeur de quatre-vingt mille fr. ne songeait à présent qu'à jouer, dans le manoir de Kerhoënt, le rôle de châtelaine. Hilarion, de son côté, ne regardant plus un heureux mariage comme impossible pour lui, sa sœur ne voyait aucune raison, à l'avenir, de repousser les propositions de M. Lucien, et ces propositions, la jeune fille se demandait par quelles ressources une imagination féminine pourrait décemment les faire naître. Rose Vély, la bonne et dévouée Rose, subissait aussi l'influence délétère des intérêts mis en jeu. La pauvre fille ne pouvait s'empêcher de se souvenir qu'elle avait, la première, offert sa chambre et son lit à la voyageuse, et le sentiment d'envie, éprouvé dans son enfance à l'égard de sa cousine, se réveillait sans qu'elle osât encore se l'avouer. Ainsi, à cinquante années de distance, la fortune avait fait de nouveau pour elle ce que la nourrice de Tiphaine faisait autrefois? C'était dur à supporter, et le sentiment de cette injustice du sort était bien près du murmure.

Et si quelqu'un s'étonnait en voyant employer pour une âme pieuse ces mots de sort et de fortune, nous dirions qu'ils répondent mieux que tout autre à certaines situations mauvaises de l'esprit. On rougirait d'accuser la Providence, de chercher querelle à la volonté divine; mais ce quelque chose de mal défini, le sort, la fortune, on peut en parler sans ménagement.

Mademoiselle Raguenet sortit la première de la mansarde, et, après un moment de silence, Rose et Améline abordèrent, enfin, le point délicat qui les rendait soucieuses et distraites. Oubliées toutes les deux dans les libéralités de la mère Tranquille, elles se sentaient plus à l'aise en tête-à-tête qu'elles ne pouvaient l'être avec Hilarion et Tiphaine.

— Eh bien! dit mademoiselle Vély en baissant la voix, et le sourire sur les lèvres, pourriez-vous me donner des nouvelles des projets de l'autre jour; de ces trois ménages réunis, de l'avantage qu'il y aurait pour chacun de nous à ne plus former qu'une seule famille?

— Il n'y avait alors que de petits sacrifices à faire, en admettant même qu'il y en eût, répondit Améline du même air confidentiel; aujourd'hui, l'affaire se complique! Au surplus, ces projets subsisteraient-ils que notre dignité à vous et à moi ne nous permettrait point de leur donner suite.

— C'est bien ma pensée, répliqua Rose dont le front se couvrit d'une rougeur moins intéressante que celle de la modestie, la seule qu'elle eût connue jusque-là:

— L'orgueilleuse personne! reprit la sœur d'Hilarion en jetant du côté de la porte un regard dédaigneux; elle s'arrangerait peut-être de l'une de nous dans son château comme demoiselle de compagnie.

— Y pensez-vous? s'écria mademoiselle Vély avec l'accent de l'indignation.

En ce moment, les yeux des deux amies se rencontrèrent. Ce qu'elles virent de leur attitude et de l'expression de leur visage les étonna. Les sentiments petits, étroits, donnent à la personne qui les exprime une vulgarité très-apparente. Rose couvrit sa figure de ses deux mains ; Améline baissa la tête d'un air humilié.

— Ce regard, jeté l'une sur l'autre vient de nous faire une révélation, reprit la plus âgée des deux amies, revenue tout à coup à sa généreuse nature.

— Laquelle ? demanda la plus jeune, non sans hésiter.

— Que nous sommes en train de devenir méchantes, et vous l'avez reconnu comme moi.

— En effet, répondit Améline, et pour ma part, j'aurais d'autant plus de tort de me montrer envieuse que la situation meilleure de mon frère me rend toute ma liberté.

Et la jeune fille raconta que le matin même, Hilarion s'était plu à lui parler longuement de ses espérances : il choisirait une compagne ; sa position nouvelle le lui permettait, et ce serait, disait-il, un grand bonheur pour Améline de le savoir au comble de ses désirs. Sans doute, son premier mouvement l'eût porté à diviser en deux parts le bienheureux legs ; mais, infirme comme il l'était, la totalité ne lui paraissait rien de trop pour faire oublier ses disgrâces. Améline, en rapportant ces paroles, laissait voir qu'elle en avait été aussi affligée que surprise, et ce n'était pas sans amertume qu'elle promettait de suivre l'exemple qu'on lui donnait en ne songeant aussi qu'à son propre intérêt à l'avenir. Mademoiselle Vély lui mit une main sur la bouche :

— Non, s'écria-t-elle, ne vous laissez pas ainsi décourager, et n'ôtez pas au dévouement toute sa grandeur en faisant de la réciprocité la première condition d'un sacrifice. Si votre frère s'est trouvé faible au jour de l'épreuve, c'est un malheur, plaignez-le, et gardez-vous bien de l'imiter. En vérité, je serais tentée de croire que cette vieille femme nous a été envoyée justement à l'heure de nos résolutions les plus belles pour nous donner à tous une leçon d'humilité ! Oh ! que nos vertus les plus admirées ressemblent, la plupart du temps, à ces plantes d'une nature tellement délicate qu'elles ne vivent que sous un châssis protecteur !

L'arrivée d'Hilarion ne permit point à sa sœur de répliquer; mais le lendemain et les jours suivants, la conversation fut reprise sans que mademoiselle Vély, néanmoins, parvînt à retrouver entièrement son premier empire sur l'esprit de sa jeune voisine. Mademoiselle Raguenet remarquait l'air préoccupé de celle-ci, et des insinuations peu bienveillantes amenèrent des mots vifs et blessants. Honteux lui-même des sentiments égoïstes qu'il n'avait pas craint d'exprimer dans le premier abandon d'une joie soudaine, le jeune homme fuyait Améline, et passait à courir les champs, en compagnie de ses nouveaux rêves, les heures qu'il ne donnait pas au travail. Ne recherchant plus que Tiphaine dans la maison, il ne l'abordait qu'avec une inquiétude fiévreuse, espérant toujours qu'elle aurait à lui communiquer d'importantes nouvelles. De son côté, Tiphaine épiait le facteur, bouillait d'impatience en le voyant de sa fenêtre s'arrêter de porte en porte avant d'arriver jusqu'à elle, et lorsque ce fonctionnaire intéressant avait passé sans lui donner signe de reconnaissance, se disait avec un soupir : « Encore une nuit d'insomnie pour moi ! » Comment, en effet, ne pas s'étonner qu'une lettre de quatre pages, témoignant de la sollicitude la plus touchante pour la santé de la mère Tranquille, fût restée sans réponse depuis quatre semaines bientôt ? La vieille demoiselle et son jeune ami, en proie à cette agitation perpétuelle qui fait de l'existence un vrai tourment, résolurent d'un commun accord de chercher quelque lumière et quelque consolation en écrivant une épître collective à M. le maire de Roscoff.

Mais avant que la réponse de l'administration parvînt à leur adresse, plusieurs jours s'écoulèrent encore, et le 30 août, fête de sainte Rose, arriva.

Or, dans la maison aux trois sonnettes, entre autres habitudes excellentes, on avait celle de se fêter mutuellement, et de se réunir à cette occasion, pour un petit dîner chez Tiphaine, pour un thé seulement chez Rose et dans la mansarde. Pour qui vit en dehors du monde et n'a de convives à sa table qu'une fois l'an, un thé ou un dîner entre bons amis est une chose charmante et qui laisse de longs souvenirs. Donc, dans la matinée du 30 août, mademoiselle Raguenet, en parcourant son jardin pour y cueillir des fleurs destinées à sa cousine, se rappelait l'anniversaire précédent, et ne pouvait s'empêcher de soupirer. Quelle gaîté franche avait régné ce jour-là entre voisin et voisines, et combien l'on était loin de prévoir qu'un an plus tard, on sourirait, trois sur quatre du moins, à l'idée d'une séparation ! De ces réflexions au regret, il n'y avait pas loin, et tandis que la vieille fille, toujours plus soucieuse, descendait la pente de la rêverie sans trop s'en apercevoir, Améline et Hilarion, en préparant aussi leurs bouquets, se souvenaient, rêvaient, s'attristaient comme elle. L'instant d'après, ils se rencontrèrent tous les trois à la porte de leur amie, et là ils échangèrent un regard mélancolique qui remplaçait mal les joyeux chuchotements d'autrefois au moment d'entrer processionnellement pour la *surprise*.

Occupée de ses préparatifs ordinaires, Rose eut à peine le temps de dissimuler sous une serviette le gâteau de ménage dont la mission annuelle était aussi de *surprendre* les invités. Tiphaine se présenta la première, Hilarion suivit, et la sœur du jeune homme ferma la marche. On s'embrassa ; on n'entendit ni vœux bien accentués ni gais propos ; seulement, les mains se serrèrent un peu plus fort, et les yeux se remplirent de larmes.

— Mes bons amis, dit Rose, qui n'était pas la moins émue, je veux de la joie pour ce soir, et voici que nous avons tous des pleurs dans les yeux. Écoutez-moi, car il est temps d'aviser si nous voulons retrouver dans quelques heures notre gaîté d'autrefois. Je commencerai par les jeunes gens, ceux qui ont devant eux un long avenir étant les plus pressés en toutes choses.

« Que voulions-nous hier, et que désirons-nous aujourd'hui ?

« Vous, mes chers enfants, vous vous contentiez hier de votre tendresse mutuelle, et si vous aviez des peines, ces peines étaient d'une nature élevée, d'une nature féconde; de celles qui donnent à l'âme sa richesse et son développement. En continuant ainsi, la sœur se trouvait heureuse du bien qu'elle faisait, de son abnégation courageuse, et le frère digne de cette abnégation par la vivacité de sa reconnaissance, jouissait lui-même de cette paix profonde que donne la sécurité dans les affections. Une inconnue (et si nous étions au temps des fées, je dirais que c'en est une de la pire espèce) a changé tout cela. Ses dons, qui ne sont encore que des promesses, menacent d'écarter l'une de l'autre, et peut-être de séparer entièrement deux destinées appelées à se confondre. L'amie éprouvée, voici qu'il paraît tout simple maintenant à l'héritier de la mère Tranquille de la délaisser pour une autre femme qui, c'est lui qui l'assure, ne prendrait sa place qu'à prix d'argent. En vérité, j'ai peine à comprendre comment le mariage, à des conditions pareilles, excite l'envie d'un jeune homme, et je ne m'explique pas davantage comment une sœur dévouée, et jusqu'à présent prévoyante, y trouve de telles garanties de félicité pour son frère, qu'à l'avenir, elle se dispense de penser à lui et ne s'occupe que de son propre bonheur ! Songez-y donc tous les deux lorsqu'il en est temps encore, et voyez, s'il est possible, le mariage, ou plutôt le marché une fois proposé et conclu, que les choses ne se montrent point sous leur véritable jour ! Quoi ! celui qui s'est dit avant le mariage que vingt mille francs avec le peu qu'il possède déjà n'étaient rien de trop pour le faire accepter, celui-là, l'heure de la réflexion ayant sonné, croirait assez à l'affection tardive de sa compagne pour échapper aux regrets, aux comparaisons périlleuses, aux soupçons, aux reproches, aux paroles cruelles qui, une fois dites, ne s'oublient jamais ! Pauvre Améline, votre frère marié, vous avez cru un instant que vos consolations lui deviendraient inutiles, tandis qu'en réalité, ce serait alors qu'il en aurait un plus grand besoin ! Un sentiment vague des chagrins futurs, caché sous le voile de prospérités apparentes, est l'une des causes du malaise que vous éprouvez malgré vous. L'autre cause, vous pouvez l'entrevoir aussi si vous cherchez à vous rendre compte du changement de mobile qui s'est fait tout à coup dans vos actions. Hier, vous disiez : — Ceci est mon devoir ! — Aujourd'hui, vous dites : — Ceci est mon intérêt ! — Or, pour une âme droite, la joie est en proportion de l'élévation du mobile qui la fait agir. A la grandeur, le contentement de soi-même en large mesure ; à la petitesse, des satisfactions petites, mesquines, et toujours un peu honteuses. »

Améline avait passé un de ses bras autour du cou de son frère, qui penchait la tête d'un air pensif et humilié.

— Décidément, s'écria-t-elle, tandis que ses grands yeux bleus reprenaient tout leur éclat, qu'Hilarion se marie ou ne se marie point, je reste ce que je suis. Si le cher garçon me quitte et m'oublie un peu pour un temps, j'attendrai en priant pour lui, et dans la liberté du célibat, les occasions où il pourrait encore avoir besoin de moi pour le consoler.

Le jeune homme déposa un franc baiser sur le front pur de sa sœur, mais il ne se prononça point avec la même spontanéité.

— J'ai pu me tromper, dit-il ; je verrai, je réfléchirai.

Et tournant son chapeau dans ses mains distraites, il sortit presque aussitôt en faisant signe à Améline de l'accompagner.

— A nous deux maintenant, cousine, reprit mademoiselle Vély en rapprochant sa chaise de la chaise de Tiphaine Raguenet. Que veulent dire ces fleurs, que vous m'aimez tous, n'est-ce pas ? Eh bien, puisque vous m'aimez, j'ai de l'autorité, et j'en profite. J'ai remarqué tout à l'heure, ma bonne Tiphaine, tes gestes d'approbation quand je parlais à nos jeunes amis, et j'en augure bien pour les réflexions qu'il me reste à te soumettre. Ma conclusion sera la même, et je n'hésite pas à te la présenter tout d'abord. Deux raisons expliquent l'état de trouble où nous te voyons aussi depuis trois semaines : la première, des vues et des projets moins simples que par le passé ; la seconde, un pressentiment secret des tribulations qui t'attendent dans ta position nouvelle.

Une mine allongée, accompagnée d'un froncement de sourcils, ne témoignait pas d'une sympathie bien vive pour ce préambule ; mais Rose ne continua pas moins d'un ton amical :

— J'ai pu d'autant mieux remarquer en toi un peu d'orgueil qu'il m'a bien fallu rougir pour mon propre compte, ces temps derniers, de quelque chose de plus humiliant, d'un peu d'envie. Eh! mon Dieu! oui, la fortune qui vient te chercher, je l'ai désirée un instant ; j'ai dit avec amertume : Je n'aurais pas eu ce bonheur! Depuis, la réflexion est venue, je t'ai vue inquiète, presque triste, et j'ai compris que la Providence, en me laissant au point où j'étais, m'avait accordé la meilleure part. Le bel avantage, en effet, que celui qui ne profite à notre repos, ni dans les embarras de la vie présente, ni dans les espérances de la vie future! Ce que tu possédais a suffi, jusqu'à présent, non-seulement à tes besoins, mais aussi au soulagement de plusieurs de nos voisins malheureux. Une seule chose (ne te fâche point!) une seule chose a diminué parfois ton mérite; et si je ne me trompe pas en te l'indiquant, s'il est vrai qu'un sentiment de vanité s'est mêlé à quelques-unes de tes bonnes actions cachées, ici, dans une obscurité relative, au milieu des libéralités de familles plus opulentes, que n'aurais-tu pas à craindre dans une campagne où tu occuperais le premier rang, où tu serais le centre de tout, où des adulations intéressées et complaisantes alimenteraient à chaque instant ta faiblesse, celle-là même qui, autant que ta bonté naturelle, te pousse à renoncer à ta maison, à tes amis, à tes habitudes, pour commencer à cinquante ans la vie de châtelaine? Si tu voulais y songer, tu n'aurais pas de peine à reconnaître combien il est douteux que le chemin de la perfection se découvre autour du manoir de Kerhoënt. Tu n'y trouveras que des tentations nouvelles, et, à moins de miracle, des occasions plus fréquentes de mécontentement en t'examinant devant Dieu. Avec la vertu solide qui n'est jamais dans l'ostentation et qui compte seule pour la vie future, le bonheur suivrait aussi, dans la vie présente, une marche inverse du progrès. Décidée à te montrer généreuse, à répandre autour de toi tout le bien possible, tu voudrais ne rêver pour la châtelaine qu'ovations, bénédictions, idolâtrie; mais le pressentiment dont je parlais tout à l'heure te fait soupçonner vaguement déjà des mécomptes dans ce paradis terrestre voisin de Roscoff. Ah! chère cousine, ne cherche point à écarter ce pressentiment salutaire, et qui, à tout prendre, n'est pour nous deux qu'un triste souvenir! Nous avons connu l'une et l'autre une femme douée de qualités supérieures, bien qu'imcomplètes sous certain rapport. Cette femme, après avoir brillé par son esprit dans les salons d'une grande ville, vendit ce qu'elle possédait, acheta un manoir, des terres et s'improvisa châtelaine, déclarant tout haut qu'elle serait la Providence des pauvres de tout un pays. Elle se mit à l'œuvre avec une résolution peu commune, et la concurrence ne manqua point pour se disputer ses largesses. Une femme seule, une vieille fille, quelle proie superbe offerte à toutes les cupidités! Le pain, l'argent tombaient de ses mains à chaque heure du jour, et ceux qu'elle venait de secourir, avant d'emporter ces aumônes, escaladaient les murs de son jardin pour voler ses fruits. La pensée d'un foyer sans feu la navrait; à l'entrée de l'hiver, elle distribuait des milliers de fagots, et le lendemain même de ces distributions abondantes, ses bois étaient ravagés par les mieux favorisés dans le partage de la veille. Ainsi du reste, et tu n'as pas oublié ses récriminations étonnées d'abord, passionnées plus tard jusqu'à la colère. Cette effroyable curée ne pouvait durer longtemps, et nous savons trop bien les suites désastreuses qu'elle devait avoir.

Tiphaine s'était levée brusquement en écoutant ces dernières paroles.

— Oh! s'écria-t-elle avec un regard épouvanté et un accent bien voisin des larmes, je comprends maintenant les inquiétudes mêlées à mes beaux projets, et je te remercie de m'avoir rappelé un si lamentable exemple de l'extrémité où peut conduire la présomption, même dans le bien.

— Oui, reprit mademoiselle Vély en baissant la voix; je l'entends encore, la pauvre fille, accusant le genre humain tout entier de fausseté, de bassesse, et dans la nécessité de se défendre contre le pillage le plus audacieux, poussant la violence aussi loin qu'elle avait poussé la bonté, en pleine révolte contre l'ingratitude des uns, l'injustice des autres, elle ne voulut point s'avouer à elle-même qu'elle avait trop présumé de ses forces en voulant occuper un poste qui ne convenait ni à son isolement, ni à son ignorance du caractère de ceux au milieu desquels elle était venue se fixer. Méconnue, calomniée, haïe lorsqu'elle attendait l'amour, le respect, et peut-être, ô vanité, une admiration enthousiaste, son humeur s'aigrit, et, sans consolations du côté de la terre, la nuit se fit également du côté du ciel. Usée avant l'âge par l'irritation, les dégoûts, les perplexités de son âme, je l'ai vue mourir, tu le sais, et jamais abandon pareil.....»

Tiphaine ne la laissa pas achever :

— Assez, dit-elle, la leçon ne sera pas perdue pour

moi, et si la fille des Raguenet voit augmenter sa fortune, c'est ici, à Broons, et en s'aidant de tes bons avis, qu'elle ajoutera tout simplement et sans bruit quelque petite chose à la considération dont elle jouit déjà. Après tout, il y a bien de la dignité à demeurer dans un ermitage comme celui-ci quand on hérite d'un château. Ah! bien, oui, un château! continua la bonne demoiselle avec un petit rire nerveux et aussi peu gai que possible, il ne manque pas, j'imagine, de parvenus dans les environs, qui croient nous faire enrager, nous autres grandes familles, parce que moyennant quelques sacs d'écus grapillés on ne sait où, ils sont possesseurs de manoirs, de gentilhommières, tandis que parmi nous plusieurs n'habitent qu'une maison modeste, et qui ne leur appartient pas toujours. On leur montrera à ces niais le peu d'importance qu'on attache à ce qui les rend si fiers! Sottises que tout cela! Je conserverai ma maison, je garderai même un hiver encore ma vieille pelisse et mon grand parapluie grenat, pour que madame la mairesse n'ait pas l'insolence de dire que j'avais besoin du coup d'épaule de la mère Tranquille, pour renouveler ma toilette!

Rose applaudit à cette grande résolution. La contrition laissait bien un peu à désirer, mais plus d'un prédicateur, en se réjouissant du succès de son éloquence, a regardé comme sincères et suffisantes des conversions qui n'allaient pas plus loin que celle-ci.

V

L'heure fixée pour le rendez-vous du soir approchait, et, dans la petite chambre de Rose Vély, de charmants apprêts annonçaient la fête. La table ronde couverte de gâteaux, de fruits, de fleurs, était entourée de quatre chaises où des convives encore invisibles semblaient en contemplation devant les belles choses étalées devant eux. La maîtresse du lieu allait et venait de cette table au foyer avec un empressement joyeux et naïf qui témoignait du contentement et de la sécurité qu'elle éprouvait en donnant à ses amis un régal toujours le même, et dont une modique pièce de cinq francs payait la dépense. Étrangère aux folles habitudes de luxe qui, hélas! au temps où nous sommes, s'introduisent jusque dans les joies du pauvre, l'excellente fille ne rougissait point de n'avoir à présenter à ses invités d'autres raretés qu'une brioche de sa façon, accueillie chaque année par un cri de plaisir, et qui devenait le sujet des félicitations unanimes dont se glorifiait bien un peu la cuisinière. Transes d'un amour-propre en arrêt, redoutant les dédains et les railleries, on ne vous connaissait point dans ces réunions où le bonheur d'être ensemble, d'offrir et de recevoir avec la même bonhommie et la même cordialité, suppléait, et bien au delà, à la simplicité des mets, à la modestie du service ! Qui nous rendra, qui rendra à l'amitié et aux liens de famille les dîners sans prétentions, sans gêne, sans regrets, et qu'on acceptait d'autant plus souvent, qu'ils étaient plus facilement rendus ? Le progrès a aussi changé cela, et les cœurs pas plus que la bourse, n'ont à s'en réjouir.

Après la conversation rapportée plus haut, mademoiselle Raguenet et son jeune voisin, chacun renfermé dans sa chambre, s'étaient livrés à des réflexions salutaires, au milieu desquelles cependant, des contradictions subsistaient toujours. La vieille fille ne songeait plus à quitter Broons pour mener ailleurs, dans l'isolement du célibat et parmi des inconnus, la vie périlleuse de châtelaine ; Hilarion renonçait aussi à l'espoir d'acheter moyennant finances, l'amour qu'il eût désiré ; mais tous les deux, en reconnaissant la sagesse des pensées de Rose, se demandaient avec inquiétude si, devenus plus riches, une tentation nouvelle et plus funeste que la première, ne se présenterait point avec des apparences tellement aimables qu'il serait impossible, cette fois, d'y résister. Cette crainte pénétra même assez avant dans l'esprit de la bonne Tiphaine pour qu'un sentiment d'impatience, de dépit, vînt se mêler inopinément au souvenir des libéralités de la mère Tranquille.

— Après tout, s'écria la demoiselle en arrachant

son bonnet qu'elle chiffonna cruellement en le jetant sur le lit; je ne demandais rien, j'étais contente, et cette Roscovite de malheur n'avait nul besoin de me tourmenter en me léguant un château dont je n'ai que faire.

Elle avait à peine achevé, qu'un coup de sonnette lui fit réparer à la hâte le désordre de sa coiffure; car, on l'a déjà vu, dans cette maison où manquaient les domestiques, chacun était son propre portier. Tiphaine alla donc ouvrir.

— Enfin, dit-elle en tendant la main au facteur qui lui présentait une lettre timbrée de Roscoff, à laquelle un cachet municipal donnait une grande importance.

Assis près de sa fenêtre, le frère d'Améline avait reconnu le facteur, et ce fut avec surprise qu'il vit arriver le moment de la réunion chez Rose sans que mademoiselle Raguenet eût jugé convenable de communiquer à ses voisins les nouvelles qu'elle venait de recevoir. Ces nouvelles, la vieille fille les avait apprises avec des émotions bien diverses. Un sténographe, qui eût assisté à la lecture, eût noté d'abord une exclamation mêlée d'étonnement et de colère. A la suite, un soupir de désappointement, et, pour le bouquet, un rire varié, inouï, qui commença par le rire jaune, et subissant deux ou trois métamorphoses, finit par le bon rire que vous connaissez, celui qui vient d'un apaisement joyeux à la suite de quelque tourment, le seul qui méritât les autels que

Lycurque avait consacrés au rire, tant il est ami du vrai, du bien, et élève tout naturellement le cœur vers Dieu.

Mademoiselle Raguenet arriva la dernière chez Rose où personne ne l'attendait avec plus d'impatience qu'Hilarion. Elle tenait entre le pouce et l'index la fameuse lettre qu'elle élevait à la hauteur de son nez formant une large saillie entre deux verres de lunettes, et sa marche, moins pesante que de coutume, donnait l'idée de l'élasticité qu'on retrouve après s'être débarrassé quelque part d'un lourd fardeau.

— Hilarion, dit-elle de l'air le plus comique du monde et en regardant bien en face le pauvre garçon abasourdi, vous savez, sans doute, que la paroisse de Locminé est consacrée à saint Colomban, et que dans l'église de cette paroisse on trouve des litanies où l'on remarque des invocations comme celle-ci : — Saint Colomban, secours des imbéciles, priez pour nous !

— Eh bien? demanda le jeune homme de plus en plus déconcerté.

— Eh bien, nous n'avons rien de mieux à faire, vous et moi, que de nous cotiser pour envoyer, de notre part, la mère Tranquille en pèlerinage à l'autel de saint Colomban. Du reste, elle y est peut-être déjà, mettant ainsi sa conscience à l'aise à mon égard, car elle a quitté Roscoff, après avoir recueilli l'héritage de monsieur son frère.

Chacun écoutait d'une oreille curieuse. Tous les

yeux étaient fixés sur la lettre que mademoiselle Raguenet dépliait lentement, et qu'elle lut enfin avec les mines les plus réjouissantes.

Tout était parfaitement vrai dans les récits de la voyageuse, tout, sauf le grade d'Antonin Tranquille, qui n'était qu'un simple matelot, et l'héritage laissé par le frère, lequel ne se composait, en réalité, que de quelques nippes, un demi-cent de fagots et un cochon gras. Le tout avait été vendu par l'octogénaire dont le goût bien prononcé pour les pérégrinations incessantes, cherchait jusqu'au bout à se satisfaire sans regarder à la légitimité des moyens. On connaissait déjà à la mairie de Roscoff l'existence de deux testaments assez semblables à celui dont parlait mademoiselle Tiphaine, et pourvu que la vie de la vieille femme se prolongeât seulement quelques jours, il était probable qu'un nouveau testament fait ici ou là viendrait annuler les dispositions précédentes. On espérait cependant que la multiplicité des actes n'entraînerait aucun procès. Donnant pleinement raison au proverbe : Pierre qui roule n'amasse pas de mousse, la mère Tranquille n'aurait à laisser à son légataire définitif que les compagnons de ses voyages : son bâton et son havre-sac.

— Qu'elle les garde, murmura tout bas Hilarion dont les impressions pendant la lecture avaient suivi, à peu de chose près, la même route que les impressions de Tiphaine. Il rit moins, pourtant que ne l'avait fait celle-ci, mais indiquant du doigt une fiole de cassis posée sur la table à la place d'honneur, il ajouta qu'en définitive la mère Tranquille avait mérité un toast pour la moralité qui ressortait pour eux tous d'une action, à coup sûr, très-peu morale.

— A la bonne heure! s'écrièrent à la fois Rose et Améline, voilà de la philosophie!

— Oui, continua mademoiselle Raguenet, et rien ne nous empêche à présent de devenir ce que nous étions avant tout ceci. Je le veux si bien pour ma part, que je mets aux voix mon projet de ne former, à l'avenir, qu'un seul ménage et de n'avoir à nous quatre qu'une seule sonnette. De la sorte, un jour ce bon jeune homme en lisant les dernières volontés de Tiphaine...

Hilarion l'interrompit. En ce moment, tout ce qui pouvait rappeler des intérêts matériels l'humiliait profondément. Il avait été égoïste; il s'était montré ingrat, et pourquoi? pour une mystification!

Mademoiselle Raguenet reprit son premier propos, non sans laisser voir en insistant que la pensée d'un refus lui paraissait impossible. Ce fut pourtant ce qui arriva, et cela après une discussion si franche, si amicale qu'aucun autre reproche ne put être adressé aux récalcitrants qu'un amour exagéré de l'indépendance.

— Chacun chez soi, avait dit en riant Rose Vély; mais au lieu de la seconde partie d'un mot trop célèbre, elle ajouta: — Et chacun pour tous.

C'était allier le dévouement à la prudence.

Le thé fut gai, bruyant même, et lorsqu'il fallut se séparer pour aller chercher le sommeil, mademoiselle Raguenet, en embrassant sa cousine, déclara de nouveau avec un aplomb inperturbable qu'elle n'avait pas perdu tout espoir de voir un jour ses plans acceptés. Ce n'était, disait-elle, qu'une question de temps, et peut-être en parlant ainsi avait-elle une idée juste de ce que peut la persévérance. Quoiqu'il en soit, depuis quatre ans, les choses n'ont pas avancé sous ce rapport, et aujourd'hui même, 6 septembre 1862, à l'heure où je termine ce récit, la maison où s'abritent le frère, la sœur et les deux cousines est encore *la maison aux trois sonnettes.*

LA

FAMILLE DÉNIEL

LA
FAMILLE DÉNIEL

I

Si l'on éprouve un sentiment pénible en voyant dans quel oubli retombe telle ou telle famille justement honorée autrefois, ce sentiment devient plus profond encore lorsqu'il s'agit d'une de ces grandes agglomérations d'hommes formant la population d'une ville disparue. Le promontoire que j'allais visiter à l'embouchure du Guer, devant les flots tumultueux de la Manche, est une de ces solitudes éloquentes où le contraste de l'obscurité présente avec la célébrité passée invite à de sérieuses réflexions. Ce chemin désert menant du bourg de Plouléch au village du Guéodet, avait été rempli, comme toutes les campagnes des environs, du bruit et du mouvement qui se font autour d'une ville florissante. De l'antique Léxobie, dont César a parlé dans ses *Commentaires*, et qui devint très-commerçante et très-riche au commencement du sixième siècle, quand les Bretons en eurent chassé les Romains, il reste à peine quelques vestiges, et encore sont-ils ignorés dans le village même qui remplace la vieille cité. « Où sont les guerriers des siècles passés, dit « un barde ? Le silence règne sur leurs champs de « bataille. Nous aussi, nous serons oubliés. Cette « demeure où nous chantons s'écroulera ; nos des-« cendants n'en pourront trouver la place. Ils de-« manderont en vain aux plus anciens vieillards : — « Où s'élevaient les murs des palais de nos pères ? »

Je devais vérifier en partie la vérité de cette prédiction. Arrivé par une sorte d'isthme sur la colline escarpée où l'on s'accorde à reconnaître l'emplacement de l'*oppidum* gaulois, puis de la forteresse romaine ; puis, enfin, de la ville épiscopale détruite au neuvième siècle par Hasting le Danois, je voulus vainement me faire indiquer l'entrée d'un passage souterrain visité en 1840 par M. de Fréminville. Douaniers et pêcheurs me répondirent qu'ils ne connaissaient rien de semblable, et il fallut bien me contenter d'assez pauvres débris de fortifications gauloises ou romaines, et de blocs de rochers parmi lesquels se trouve une pierre à bassin. Si j'avais entrepris ce voyage comme antiquaire, j'aurais pu regretter la course : heureusement je ne me crois pas archéologue, et le chrétien, le poëte ami des sites variés et un peu sauvages, ne se plaindront jamais d'avoir consacré quelques heures au pèlerinage de Coz-Guéodet.

Qu'on se figure un promontoire très-élevé et dont la base est baignée par les vagues, sauf dans la partie étroite et basse par laquelle la colline tient au continent; sur le plateau, une petite chapelle entourée d'arbres et de chaumières de pécheurs ; au-dessous, contre la muraille romaine, un poste de douaniers, posé là comme un nid d'oiseaux de malheur pour les marins que tenterait la contrebande ; au-dessus, des sillons où les blés ondoient, des landes que les fleurs d'or de l'ajonc et les grappes roses de la bruyère brodent de leurs couleurs tranchées; et sur ce fond encadré dans la verdure, des rochers aux teintes grises, se dressant sous les formes les plus étranges, les flancs drapés de lierre, le front couronné d'une mousse jaunâtre où la ronce trouve encore à végéter. A droite, de l'autre côté de la rivière, des taillis, des jardins, des fermes à demi-cachées sous de frais ombrages ; ici, des sables mouvants que de tragiques histoires ont rendus célèbres; là, des récifs blanchis sous l'écume des lames ; ailleurs, les falaises voisines de Trédrez et de Saint-Michel, devant nous la pleine mer, l'immensité. Le jour où je contemplai ce vaste tableau de l'enceinte où fut Léxobie, pas un sloop caboteur n'apparaissait dans la brume ; pas un bateau de pêche ne remontait la rivière de Lannion. L'animation du paysage se trouvait tout entière dans le bruit confus des grèves, les appels qu'échangeaient entre eux, de temps en temps, trois enfants occupés à chercher des coquillages ; et, plus près de moi, la voix monotone d'une vieille femme qui, tout en raccommodant des filets, chantait un cantique dont le refrain est resté dans ma mémoire :

> Gloar d'ar Verc'hez à Goz-Yodet
> Melodi de mab beniguet.

Suivant quelques-uns de nos légendaires, la chapelle de Coz-Guéodet serait le premier sanctuaire consacré, en Bretagne, à la sainte Mère de Jésus. L'édifice actuel n'a rien de remarquable : il est tellement misérable, tellement dépouillé qu'on a peine à comprendre qu'il attire encore de fervents et nombreux pèlerins[1]. On doit supposer, du moins en voyant l'état de délabrement de ces murs lézardés

---

[1] Ces pages étaient écrites en 1855. Depuis cette époque, la chapelle, dont il est ici question, a été remplacée par une construction nouvelle. Quant à ce qu'on verra, plus loin, sur la situation des journaliers cultivateurs, à la même date, les choses sont restées, à peu près ce qu'elles étaient, malgré l'augmentation assez considérable des salaires dans les villes voisines. On lit dans l'*Océan*, de Brest, 19 août 1864 : « — La journée de travail, si longue et si pénible pour tous les genres de culture, n'est encore, dans notre département, que de 90 centimes à 1 franc pour les hommes, et souvent de 75 centimes seulement. »

et couverts de mousse, que ceux qui viennent implorer le secours de la patronne du village, ont plus de foi que d'argent, et que des prières leur tiennent lieu d'offrandes. La statue de la sainte Vierge est couchée dans une niche au-dessus de l'autel, l'enfant Jésus repose à ses côtés ; et tous deux, la mère et le nouveau-né, cachés jusqu'au menton sous un drap de mousseline et une couverture, semblent dormir d'un sommeil paisible. Saint Joseph, en manteau rouge doré, est assis au pied du lit. Des discussions inutiles à rapporter ici ayant amené, en 1827, la fermeture de ce modeste sanctuaire, les habitants du hameau se plaignirent pendant trois ans de voir les naufrages se multiplier, les pluies ravager les moissons, la désolation enfin s'attacher à ce petit coin de terre. La chapelle fut ouverte de nouveau en avril ou mai 1832, et, depuis, Notre-Dame de Coz-Guéodet continue d'attirer à son autel une foule de voyageurs qui n'eussent jamais fait un pas de ce côté pour retrouver les vestiges de Léxobie.

Forcé de renoncer, faute de renseignements, à la promenade que je me proposais de faire dans les ténèbres de l'*oppidum*, je m'occupai plus spécialement de la chapelle, et j'interrogeai un habitant du village sur l'abandon dans lequel me paraissait tombé aujourd'hui un lieu de dévotion, autrefois si connu et si vénéré. Le pêcheur me montra devant la sainte image un bout de cierge dont la flamme, au moment de s'éteindre, vacillait au souffle du vent qui pénétrait dans la nef par les vitres brisées et les ouvertures du toit.

— Non, non, dit-il, notre bien-aimée patronne n'est pas oubliée, témoin ce cierge placé là dans la journée d'hier par une famille de laboureurs venue de loin. Le recteur était du voyage, et comme il existe entre nous des liens de parenté, nous avons causé de ses amis et des motifs qui leur avaient fait entreprendre le pèlerinage de Coz-Guéodet. Cette histoire vous intéresserait peut-être autant que la visite d'un souterrain probablement obstrué par des éboulements. Si vous désirez l'entendre, allons nous asseoir derrière cette roche, à l'abri du soleil.

Je n'ai jamais su répondre autrement que par un consentement empressé à la proposition d'écouter un récit quelconque. Celui-ci m'intéressa beaucoup, et j'aurais voulu le rapporter dans les termes mêmes employés par le narrateur. Malheureusement, ma mémoire n'est pas assez fidèle pour me rappeler les propres expressions du jeune homme qui me raconta l'histoire de la famille Déniel.

II

Le chef de cette famille était un pauvre journalier-cultivateur, veuf depuis plusieurs années, et père de quatre enfants. Ils avaient eu à souffrir ensemble bien des privations; aussi, à l'exception de l'aîné, beau garçon de vingt et un ans, laboureur comme son père, les enfants Déniel se faisaient-ils remarquer par leurs traits amaigris, leur teint pâle, leurs membres grêles et arrêtés dans leur croissance. Le second fils qui, dans sa dix-septième année, n'en portait pas treize, tant il était petit et souffreteux, venait d'être admis en qualité de troisième domestique dans une ferme du voisinage, pour la nourriture seulement. De pareilles conditions paraissaient encore excellentes aux deux journaliers chargés de fournir à toutes les dépenses de la maison, et ils commençaient à respirer en ne voyant plus au logis que deux petites filles à soutenir par leur travail. Ce travail si rude, on sait combien il est peu rétribué chez nous. Le prix de la journée varie suivant les communes, mais, en général, on peut l'évaluer à soixante quinze centimes, pour un labeur qui ne dure pas moins de quatorze heures en été.

Au risque de me voir accuser de descendre à certains détails vulgaires, je veux, avant de poursuivre ce récit, donner une idée exacte de la position du journalier-cultivateur. Le sujet est assez important pour mériter l'attention de tous les bons cœurs et de tous les esprits sérieux. On s'effraie justement de l'émigration dans les villes; il est donc utile de savoir par des renseignements, plus positifs que les églogues des poëtes sur les douceurs de la vie rurale, quels sont, en réalité, les avantages matériels attachés au travail des champs. Les notes manuscrites que j'ai sous les yeux sont le résultat d'une expérence incontestable : elles m'ont été fournies par une de ces châtelaines bretonnes dont la charité ardente est la principale, je dirai presque l'unique ressource des pauvres de nos campagnes.

Le journalier assez heureux pour joindre au mérite d'une conduite régulière les avantages d'une santé robuste et l'emploi constant de ses forces, subvient encore, avec le salaire de quatre francs cinquante centimes par semaine, aux besoins d'une famille composée de sa femme et de deux enfants. Il n'en demande pas davantage pour payer un loyer, nourrir cinq personnes, acheter même un porc qu'on engraisse pour le vendre avec profit. Le père, la mère et les enfants ont chacun un vêtement de rechange pour tous les jours et un habit de fête pour le dimanche. Durant la semaine, la nourriture se compose de pain d'orge, de pommes de terre, de farines d'avoine et de sarrazin ; mais le dimanche *le pot au feu* égaie le foyer, et la famille s'attable joyeusement devant un repas de viande, repas d'autant plus exquis qu'il faut l'attendre pendant sept jours. Une telle vie satisfait l'ouvrier cultivateur, et s'il pouvait y compter avec l'espoir d'un peu d'aide dans la maladie ou la vieillesse, nul doute que cet homme si facilement heureux ne repoussât comme une tentation mauvaise l'idée d'abandonner la charrue pour chercher des moyens d'existence dans les grands centres industriels. Mais un troisième enfant arrive, et la gêne commence; une maladie plus ou moins longue survient, et ce n'est plus la gêne, c'est la misère, et la misère la plus affreuse. Il n'y a point d'hospices dans nos campagnes : remèdes, linge, soins pour le malade, nourriture pour sa famille, il faut tout attendre de la Providence par l'entremise de quelques voisins charitables. Or, la charité n'existe point dans tous les cœurs, et si j'ai désigné souvent des manoirs où la bienfaisance est sans limites, je pourrais en nommer d'autres où règne un égoïsme tellement naïf dans ses abominables calculs, qu'il ne songe même pas à se déguiser. Du reste, les propriétaires de campagne et les fermiers aisés seraient-ils universellement compatissants et dévoués, que la multiplicité des souffrances leur rendrait bien difficile de donner à tant de malheureux des secours un peu efficaces.

Ainsi, il suffit d'une surcharge quelconque, d'un accident, de la maladie du père ou de la mère pour réduire à la dernière détresse la famille du journalier. Je n'ai rien dit des vieux parents à soutenir parce que la vieillesse de l'ouvrier laboureur fait un tableau à part, un tableau que j'ose à peine indiquer tant il accuse de dureté notre civilisation si raffinée dans son luxe. Oui, en l'an de grâce 1855, le journalier de campagne, après avoir élevé ses enfants et épuisé ses forces; le journalier devenu vieux, lorsque la fatigue et les privations ne l'ont pas tué avant l'âge, est voué fatalement à la mendicité, sans que la bienfaisance publique s'en préoccupe autrement que pour le faire jeter en prison s'il s'avise de tendre la main dans les rues d'une ville. Je n'exagère rien : le degré d'abandon de ces pauvres vieillards et de leurs compagnes est inimaginable. Nous les voyons, accablés d'infirmités, se traîner sur les chemins, n'ayant pour asile qu'une masure, une grange abandonnée, parfois même n'en n'ayant aucun, et couchant où ils se trouvent, dans les étables, au milieu des animaux. C'est là, sur la litière fétide, que la mort vient les prendre, trop souvent après une agonie solitaire.

Cette digression a été longue, mais elle peut éveiller d'utiles réflexions sur les douceurs de la vie champêtre tant célébrées par des hommes esclaves de la mollesse et de la sensualité. Je reviens, maintenant, à l'histoire des pèlerins de Coz-Guéodet.

III

Déniel avait donc quatre enfants; sa femme avait langui plusieurs années avant de mourir; et tous, d'après ce que nous venons de voir de l'existence de l'ouvrier laboureur, connaissaient amplement les épreuves de la misère. Depuis deux ou trois ans, le salaire du fils aîné, quelque minime qu'il fût, avait un peu diminué l'horreur de la situation; mais, je le répète, l'allégement ne se fit apprécier d'une manière sensible qu'à l'époque où le second fils réussit à se placer. Les plus jeunes enfants étaient deux filles, l'une de sept ans, l'autre de quatre, et les pauvres petites, toujours seules au logis depuis le lever du soleil jusqu'à son coucher, vivaient comme elles l'entendaient, l'aînée préparant les repas, et toute glorieuse de son rôle de ménagère. Le fameux plat de viande venait de reparaître sur la table après une absence si longue que c'était pour les deux sœurs une connaissance entièrement nouvelle. Ce jour-là, le jeune frère avait été invité à prendre sa part du régal ; il n'eut garde de manquer au rendez-vous, et ce fut pour la maison deux fois dimanche, deux fois jour de fête.

La croyance aux pressentiments est assez répandue en Bretagne ; cependant il arrive parfois que nous ne sommes jamais plus joyeux qu'au moment où le plus grand malheur de notre vie va fondre sur nous. Le repas achevé, la famille Déniel avait pris gaiement le chemin qui conduisait au bourg, lorsqu'un taureau furieux s'élança tout-à-coup d'un champ voisin, et renversa l'une des petites filles. Le père et les deux jeunes gens volèrent à la fois au secours de l'enfant, mais le premier, saisi, à son tour, par le terrible animal, fut précipité en un instant dans une douve profonde. La petite fille n'avait pas été blessée. Le père, évanoui et couvert de sang, fut rapporté chez lui dans un pitoyable état.

Prévenu de l'accident par un des fils de la victime, un rebouteur des environs consentit à se rendre immédiatement auprès de Déniel. Le rebouteur ou remetteur est une sorte de chirurgien campagnard parfois habile à remettre les membres démis, et qui a toujours le mérite, dans l'exercice illégal de la médecine de n'exiger pour ses services qu'une très-faible rétribution. Cette fois la cure était, sans doute, trop difficile. Déniel avait les deux jambes cassées, et l'opération réussit mal. Il fallut garder le lit trois mois, et, durant ce temps, le travail d'un seul devant suffire pour tous, il est à peine utile de faire remarquer que le blessé manqua souvent des choses les plus indispensables. La charité privée empêcha cette famille de mourir de faim, c'était beaucoup. Pourtant je demande à tous les fils qui ont vu leur père atteint d'une maladie grave, ce qu'ils auraient souffert s'ils n'avaient pu, dans cette circonstance, procurer au malade les soins, les remèdes nécessaires pour amener sa guérison? Déniel ne s'était marié qu'à trente neuf ans, après la mort de ses vieux parents qu'il avait voulu aider jusqu'au bout, aussi l'âge avait déjà blanchi ses cheveux à l'époque où cette horrible chute le mit pour jamais hors d'état de s'employer à aucun labeur. Lorsqu'il put se traîner de son lit à la porte au moyen de béquilles, les souffrances physiques et le chagrin l'avaient tellement vieilli qu'on l'eût pris pour un octogénaire, bien qu'il commençât à peine sa soixante-deuxième année.

Dans les premiers jours de cette douloureuse convalescence, à l'heure du repas de midi, l'une des petites filles ayant apporté à son père la seule nourriture qu'il y eût dans la maison, un morceau de pain d'orge, le vieillard secoua la tête, et refusa de dîner.

L'enfant insista.

— Ah! si j'avais un morceau de pain blanc! s'écria le pauvre laboureur avec cette élan de désir particulier aux convalescents.

La petite fille ne répondit rien, mais peu d'instants après elle s'échappait de la maison, et prenait en courant le chemin de la ville.

Elle avait environ deux lieues à faire, cela ne l'effrayait point, persuadée qu'elle était de rapporter, au retour, plusieurs morceaux de ce pain blanc tant désiré. Elle ignorait qu'il était défendu de mendier en ville. — Marguerite (c'était son nom) s'arrêta donc à la porte d'une hôtellerie, et demanda, sans se douter qu'elle commettait un délit, un morceau de pain pour son père malade. Malheureusement l'attention était éveillée, en ce moment, sur une invasion de mendiants venus de la campagne, et l'enfant n'avait pas achevé sa prière qu'un agent de police l'entraînait par la main vers l'Hôtel de ville. Ce soir-là, le père, le frère, la sœur attendirent vainement Marguerite, et Dieu sait les recherches et les angoisses que son absence occasionna!

Deux ou trois jours s'écoulèrent, et l'on sut enfin

que l'innocente enfant était dans les prisons de la ville. Stévan, l'aîné des deux frères, obtint l'autorisation de la voir, et il fut épouvanté en apprenant de quelles ignobles créatures était entourée sa jeune sœur. Il y eut là une scène déchirante que je ne me sens pas le courage de peindre, tant l'indignation gonfle mon cœur à l'idée de huit jours, de quinze jours de prison préventive au milieu des femmes les plus viles, les plus corrompues, et cela pour avoir demandé une chétive aumône au nom de Jésus crucifié! Il faut que nous soyons bien peu chrétiens pour que de telles énormités soient possibles, et que l'insouciance de tous les tolère!

Cependant, on se montra généreux dans cette circonstance; après douze jours d'attente entre ces murs sans air et sans soleil, aussi malsains pour le corps qu'ils l'étaient pour l'âme, l'enfant fut acquittée et rendue à sa famille, bien qu'on eût le droit de la condamner à vingt-quatre heures de prison. Stévan la ramena toute en larmes et rouge de honte dans les bras de son père qui la couvrit de baisers et sanglota longtemps sans pouvoir lui adresser une parole.

Depuis cet événement, une profonde tristesse s'empara du pauvre infirme, il s'accusait amèrement d'avoir causé l'arrestation de sa fille, et se voyant incapable de rien gagner à l'avenir, il songeait au moyen d'alléger l'écrasant fardeau qui pesait sur l'aîné de ses enfants. Après bien des combats, il prit la résolution de quitter en secret sa chaumière et même le pays, ce qui est pour nos cultivateurs bretons le plus grand des sacrifices. Le temps était venu pour lui de commencer la vie errante du mendiant jusqu'à l'heure où il plairait au ciel de le délivrer d'une existence misérable. Cette existence commune à un si grand nombre de vieux laboureurs, on aurait tort de la reprocher à leurs enfants en accusant ceux-ci d'ingratitude filiale : les uns, engagés au service, n'ont pour salaire que la nourriture, les autres, dit la pieuse bretonne dont l'expérience m'a guidé dans cette pénible étude, les autres, pères de famille eux-mêmes recommencent la dure et laborieuse carrière de leurs parents qui mieux que personne apprécient leur position douloureuse, et se refusent les premiers, comme Déniel, à augmenter une charge déjà trop lourde. L'idée d'une séparation prochaine, quelque affligeante qu'elle eût semblé d'abord au convalescent, lui rendit, néanmoins, un peu de calme. Il avait la certitude de soulager ainsi ceux qu'il aimait.

IV

Un matin, dans ce demi-sommeil où la réalité et le rêve se confondent si bien qu'il est difficile de les distinguer, Stévan crut voir son père se traîner en s'appuyant au mur jusqu'au lit où dormaient les deux petites-filles qu'il embrassa plusieurs fois avec précaution. Prenant ensuite ses deux béquilles, le vieillard traversa la chambre et se dirigea vers la couche de paille où le jeune homme reposait. Ce dernier crut sentir des lèvres effleurer son front et des pleurs couler sur ses joues; il se réveilla : son père, en effet, était penché sur lui, le visage inondé de larmes. Le paysan breton n'est pas expansif : celui-ci parut tout honteux d'avoir été surpris dans un moment d'attendrissement, et il ne répondit aux questions de son fils que d'une manière assez rude et inintelligible.

La détresse était alors tellement grande dans la famille que, depuis une semaine, il avait fallu supprimer un repas chaque jour. Le père ne voulait pas différer plus longtemps l'exécution de son projet, il pressa son fils d'aller au travail et se fit conduire aussitôt après, sur la route vicinale, où roulaient déjà plusieurs charrettes en marche pour une foire importante qui se tenait dans un gros bourg des environs. Déniel donna des conseils aux deux petites filles sur l'amitié et l'obéissance qu'elles devaient à leur frère aîné, et comme les enfants l'écoutaient avec surprise et ne cachaient pas une certaine inquiétude, il ajouta qu'il était vieux, malade, qu'il pouvait leur manquer d'un instant à l'autre; et qu'elles devaient s'habituer, dès à présent, à regarder Stévan comme leur père. Marguerite et sa sœur se jetèrent à son cou, très-émues, très-alarmées; alors, prenant un air enjoué et heureux, le vieillard leur dit de ne rien craindre, et, au même instant, il parut s'apercevoir de l'oubli de son rosaire sur la pierre du foyer, ce qui le contrariait beaucoup.

— Mes enfants, dit-il, au lieu de me regarder ainsi, allez me chercher mon rosaire. Je vous attendrai ici en me réchauffant au soleil.

Les deux petites filles s'éloignèrent. Déniel savait fort bien que la recherche d'un objet qu'il avait sur lui durerait longtemps. En ce moment, une carriole, conduite par un meunier de sa connaissance s'approchait de l'endroit où il était assis. Peu de mots suffirent aux vieux paysan pour se faire admettre dans le véhicule où le meunier et le garçon du moulin le transportèrent plutôt qu'ils ne l'aidèrent à monter.

Marguerite et sa sœur, après avoir tout bouleversé dans la maison sans trouver le rosaire, revinrent sur la route où elles avaient laissé l'infirme assis sur l'herbe et le dos appuyé au talus. Ne le voyant plus, elles pensèrent, d'abord, qu'un passant charitable l'avait aidé à marcher pour se rendre un peu plus loin, mais après avoir appelé cent fois sans obtenir de réponse, l'inquiétude qu'elles avaient éprouvée une heure auparavant, revint avec plus de force, et se changea même en terreur. Elles coururent dans les champs où travaillait leur frère aîné, et lui racontèrent ce qui s'était passé depuis qu'il avait quitté la chaumière. Stévan devina aussitôt la vérité. Son père le connaissait trop bien pour croire à la possibilité de s'isoler du reste de la famille tant qu'ils habiteraient la même paroisse, et il était parti pour ne pas diminuer le pain de ses enfants.

— Cela ne sera pas, dit le jeune homme d'un ton résolu ; et le fermier l'ayant dispensé de tout travail pour ce jour-là et pour le lendemain, tout en lui remettant le salaire de ses deux journées, Stévan revint chez lui avec ses deux sœurs.

Lorsqu'ils arrivèrent à la porte, ils virent avec étonnement une jeune fille de quinze à seize ans assise sur le seuil. Elle avait près d'elle un petit paquet noué dans un mouchoir, et ses pieds gonflés et sanglants annonçaient qu'elle venait de faire une longue marche. Elle voulut se lever en apercevant le jeune homme, mais ses membres étaient si brisés par la fatigue qu'elle chancela, et qu'elle serait tombée si d'une main elle ne s'était appuyée au mur. Stévan lui fit signe de rester assise, et lui demanda doucement ce qui l'amenait de ce côté.

— Je viens de bien loin, dit-elle, pour supplier mon parrain de me prendre chez lui. Repoussée de partout, je n'ai qu'à me laisser mourir de faim dans quelque grange s'il refuse de me recevoir.

— Et quel est votre parrain ?

— Déniel le laboureur. On vient de m'apprendre qu'il habitait ici, et ne trouvant personne à la maison, j'attendais son retour.

Hélas ! hélas ! reprit le jeune homme en se tordant les mains, votre parrain lui-même est, peut-être, maintenant dans une de ces granges dont vous parlez, aussi dénué de ressources et plus malheureux que vous, car il est infirme, et n'a plus votre jeunesse.

V

L'histoire de la voyageuse peut se raconter en quelques mots : son père avait quitté, depuis environ quatorze ans, la paroisse où habitait Déniel, puis, devenu veuf, il s'était remarié, et était mort lui-même peu de temps après ce second mariage. La belle-mère avait refusé de se charger de la petite fille, et celle-ci conduite à la ville, y avait été abandonnée dans un carrefour. Un bon prêtre la recueillit, et la fit admettre dans un établissement destiné aux enfants pauvres et sans familles. Elle y vécut en paix jusqu'à sa quinzième année, et alors, par les soins du chef de l'établissement, elle entra au service d'une excellente maîtresse qui, malheureusement, partit bientôt, et ne voulut pas consentir à l'emmener. Une autre condition se présenta ; mais, dès les premiers jours, l'orpheline put s'apercevoir de tous les périls qui l'environnaient dans cette maison. Elle revint à ses premiers protecteurs qui approuvèrent sa résolution de fuir une maison dangereuse, sans, néanmoins, consentir à la reprendre, la jeune fille ayant dépassé l'âge fixé par le règlement. D'un autre côté, aucune place ne se présentait, et le bon prêtre qui l'avait sauvée une fois n'existait plus.

— Vous devez avoir des parents? lui demanda l'administrateur, ne sachant trop comment s'en débarrasser.

— Aucun.

— Vous avez un parrain, une marraine?

— Oui, mon extrait de baptême est encore entre vos mains ; mon parrain est laboureur et se nomme Déniel.

— Alors, mon enfant, vous n'avez qu'un parti à prendre ; allez le trouver.

— Pauvre fille, dit Stévan, vous avez bien fait de venir après tout, car votre parrain s'est engagé devant Dieu à remplacer votre père. Entrez, reposez-vous. Nous n'avons à vous offrir qu'un morceau de pain noir, mais c'est de bonne amitié, croyez-le, que le laboureur Déniel le partagera entre vous et ses enfants.

La filleule cacha sa tête dans son tablier, et pleura sans pouvoir répondre.

— C'est le bon Dieu qui vous amène en ce moment, reprit le jeune homme ; j'aurai bientôt retrouvé mon père, et il pourra d'autant moins me résister qu'il a ici un devoir de plus à remplir.

Les indications d'un voisin, qui avait reconnu Déniel dans la carriole, permirent au fils aîné de suivre les traces de son père jusqu'au bourg où la grande foire avait lieu. Là, Stévan chercha longtemps le meunier avant de le découvrir. Celui-ci s'était engagé à se taire sur la nouvelle route qu'il avait vu prendre au vieillard dans la charrette d'un pêcheur de Trégastel, mais cédant à des considérations sérieuses, il finit par dire tout ce qu'il savait. Voilà donc Stévan en chemin pour le bourg de Trégastel où il arriva vers la fin du jour. Là, impossible de se procurer le moindre renseignement : aucun homme étranger à la paroisse n'avait été vu de ce côté.

Ne sachant plus à qui s'adresser, et les teintes sombres du soleil couchant commençant déjà à s'effacer dans le crépuscule, Stévan se souvint du guide céleste envoyé au jeune Tobie : il se rappela un autre ange qui vint indiquer à Marie et à Joseph le chemin qu'il leur fallait suivre pour échapper à la fureur d'Hérode, et il tourna son cœur vers Dieu, l'éternelle lumière. Le jeune homme l'invoqua par l'entremise de Notre-Dame de Cos-Guéodet dont les anciens avaient souvent parlé devant lui en racontant les miracles obtenus par l'intercession de cette bonne mère. Son voyage l'avait rapproché d'une dizaine de lieues du promontoire où s'élève la chapelle en vénération. Seul, au bord de la mer, qui se brisait à cinq ou six lieues de là sur la même côte, au pied des murs bénis, il pria mentalement ; puis, avec une foi robuste, il prit au hasard le premier sentier qui se présenta devant lui. Il venait de supplier Dieu et

Notre-Dame de guider eux-mêmes ses recherches, et, sans regarder ni à droite ni à gauche, il marcha résolument vers les limites de la paroisse de Pleumeur-Bodou, persuadé que son ange gardien l'entraînait dans cette direction.

Notre voyageur arriva bientôt devant un monument druidique situé entre deux champs et le long d'un talus qui les sépare. Qu'on se figure un réduit, d'environ cinq pieds d'élévation, formé par quatre pierres placées debout et en soutenant une autre posée verticalement et beaucoup plus grande. L'ouverture la plus large entre les parois était fermée par une claie en genets servant de porte, et l'on avait essayé de clore le reste tant bien que mal, au moyen de petites pierres et de mottes de terre entremêlées. Ce dolmen, presqu'entièrement caché par des pommiers et des pruniers sauvages, n'en attira pas moins l'attention du fils de Déniel. Il s'arrêta brusquement, et prêta l'oreille. Son guide invisible lui disait : — C'est là !

En effet, Déniel s'était retiré pour y cacher ses derniers jours dans le dolmen de Kerguntuy habité précédemment par un autre vieillard dont la mort l'avait laissé vide. Plus tard, lorsque je visitai moi-même ce monument, j'y trouvai encore établi un de ces malheureux laboureurs si cruellement abandonnés lorsqu'il ne leur est plus possible de soutenir leur existence par le travail. A cette époque, plusieurs familles indigentes, n'ayant pu trouver à se loger ailleurs, avaient aussi cherché un abri dans le creux des rochers de Ploumanach et de Pleumeur-Bodou.

Si, comme on l'assure, les autels et les tombeaux druidiques ont vu d'effroyables scènes entre les victimes et leurs bourreaux, le dolmen de Kerguntuy fut témoin cette fois d'une lutte bien différente, et dans laquelle le père et le fils ne songeaient qu'à se sacrifier l'un pour l'autre.

— Enfin, disait le jeune homme en pressant les mains du vieillard qu'il avait entraîné à l'ouverture du dolmen ; je vous ai retrouvé, mon père, et vous ne passerez pas une seule nuit dans l'isolement. Je ne puis vous ramener ce soir, mais je dormirai, ici, à vos côtés, et, demain, nous retournerons ensemble là-bas. Comment avez-vous pu croire nous rendre moins malheureux par votre absence ? Je n'aurais jamais eu le cœur à l'ouvrage, croyez-le bien, si j'étais resté dans l'ignorance de votre sort. Mon père a-t-il du pain aujourd'hui, me serais-je demandé à chaque repas ? A-t-il seulement un abri contre la pluie, le vent ou la neige ? Non, non, il est couché dans un fossé, ses jambes infirmes n'ayant pu le mener plus loin, et là il attend la mort sans trouver, peut-être, un ami pour aller chercher un prêtre.

— J'ai pensé moi-même que cela pouvait être ainsi, répondit doucement le vieux laboureur, et pourtant j'ai cru devoir vous quitter. Du moment que le travail m'est interdit, et que la nourriture de mes enfants est insuffisante, tout ce que je puis faire, c'est de m'éloigner pour ne pas diminuer leur part. Votre tour viendra, mon pauvre garçon ; en attendant, vous avez besoin de conserver vos forces pour élever vos sœurs qui ont aussi une carrière de peines à remplir. Moi, je n'ai plus maintenant qu'à m'éteindre avec résignation, et sans me plaindre de souffrir un peu davantage à mesure que je me rapproche du paradis. Vous craignez que des privations plus dures ne hâtent le moment de ma fin ? Oh ! Stévan, rassurez-vous ! la mort n'est pas un péché !

— Non, mon père, votre vie a été assez rude jusqu'à présent, et au lieu d'un surcroît de privations et de chagrins, c'est un temps meilleur qui va commencer pour vous. Une fille de plus vous attend à la maison, Marie, votre filleule, maintenant orpheline et sans appui. Elle s'occupera de vous, de mes sœurs, elle me remplacera à votre foyer, car c'est moi qui veux partir. J'ai vu, dimanche, sur la place du bourg, Yvon, le riche fermier, qui cherche un remplaçant pour son fils. Eh bien, ma détermination est prise, je me fais soldat.

— Vendre ta liberté ! s'écria Déniel, abandonner les champs et le travail de la terre !

— Ma liberté, reprit le jeune homme avec tristesse, je n'y tiens que pour l'échanger aujourd'hui contre un abri et du pain pour vous. Quant au travail de la terre, comment le regretter ? Vous savez la complainte : « Jusqu'à ce que les membres du laboureur soient engourdis, il laisse un goutte de sueur sur chaque brin d'herbe. Son corps est comme la roue du moulin banal, il faut qu'il aille toujours pour moudre du pain à sa famille.

« — O laboureur, continua le vieillard en murmurant un autre couplet du chant breton, vous souffrez bien dans la vie, et lorsque vous arrivez au ciel, les saints vous reconnaissent pour leurs frères à vos blessures ! »

VI

Le lendemain matin, Stévan obtint facilement d'un fermier voisin un cheval et une charrette pour ramener son père au logis. Un domestique accompagna nos deux voyageurs jusqu'à moitié route, afin de les recommander à un ami qui voulut bien, à son tour, les prendre dans sa carriole, et les conduire jusque chez eux. Il y eut de la joie dans la maison, les deux petites filles chantaient et dansaient ; l'orpheline se réjouissait d'avoir trouvé une nouvelle famille, et Déniel lui-même souriait en voyant la gaieté des enfants et l'air radieux de son fils.

Ce dernier souscrivit un engagement la semaine suivante, moyennant une somme de douze cents francs. Le notaire du bourg se chargeait de remettre trois cents francs chaque année au vieux laboureur. C'était quatre ans de sécurité pour toute la famille.

— Quel dommage, disait Stévan à son frère lorsque celui-ci, le jour des adieux, le conduisit jusqu'à la ville ; quel dommage, Loïs, que tu sois trop jeune et trop faible pour te mettre à la tête d'une petite ferme ! Ces beaux écus pourraient fructifier dans les mains d'un bon cultivateur, et, alors, ce ne ne serait pas seulement pendant quatre années que notre père aurait l'assurance de ne manquer de rien. Enfin, le bon Dieu ne l'a pas voulu, et, après tout, celui que nous aimons est déjà si usé par les fatigues que, suivant toute apparence, il n'aura pas besoin de nous plus longtemps.

— Ne crains rien, répondit Loïs, je prendrai des forces avec l'âge. Dans quatre ans, je serai un homme, et si notre père vit encore, je ferai comme toi. »

Les deux jeunes gens s'embrassèrent : frères par le sang, ils l'étaient plus encore par le cœur.

L'uniformité des jours dans la vie du paysan permet de raconter en quelques mots les événements de plusieurs années. La santé de Loïs s'était fortifiée comme il l'avait dit, et, dans ses moments de liberté, il s'était joint à ses sœurs pour des leçons de lecture que leur donnait l'orpheline instruite dans l'établissement de charité. Indépendamment du modeste bien-être qui régnait maintenant autour de lui, Déniel trouvait un grand adoucissement à l'ennui de sa vie inoccupée dans les talents de sa filleule. Le curé du bourg leur avait fait présent de la *Vie des*

Saints, livre très-apprécié dans nos campagnes, et le vieux journalier ne connaissait pas de meilleurs moments que ceux qu'il passait tous les soirs à écouter les pieuses légendes de tant de héros chrétiens. Le dimanche, le cercle s'agrandissait autour de Marie pour donner place à Loïs, toujours engagé comme domestique dans une ferme assez rapprochée de là. Quoi de plus salutaire pour tous que cette lecture de la *Vie des Saints* ? L'histoire de ces pénitents, de ces martyrs réveille le courage et entretient la soumission aux décrets d'en haut. Une fois pénétré de ces pieux récits, comment se révolter contre des souffrances au devant desquelles volaient si ardemment nos devanciers dans la foi ?

Un autre charme après celui des légendes et du plaisir qu'il trouvait à revoir souvent sa famille, attirait Loïs le plus fréquemment possible sous le toit de son père. L'attachement que témoignait Marie à ce dernier, les soins empressés qu'elle avait pour les deux petites filles aussi bien que pour le vieillard, devaient gagner aisément l'amitié d'un cœur jeune et doué surtout de reconnaissnnce. Si le valet de ferme avait pu songer un instant au mariage, il n'eût pas voulu chercher ailleurs sa compagne et sa ménagère. Hélas ! cette pensée n'était pas sans quelque amertume, et plus d'un soupir à demi étouffé témoignait qu'en présence de la filleule, le contentement de Loïs était mêlé de trouble et de peine.

VII

Le temps qui doit épuiser nos ressources marche toujours à pas de géant. Cinq années presque entières s'étaient écoulées depuis le départ du fils aîné, et bien qu'on se fût aidé, chez Déniel, un peu de la quenouille de Marie, qui rapportait environ quinze centimes par jour, un peu aussi d'une partie des gages de Loïs, la dernière somme de cent écus tirait à sa fin. Le jeune homme se rappela sa promesse et l'exécuta fidèlement. A peine libéré de la conscription, il s'offrit pour remplacer le fils du notaire, et celui-ci lui donna trois cents francs de plus que n'avait obtenu Stévan. Loïs devait servir dans la marine, et l'ordre lui vint de se rendre à Brest sans perdre un moment. Ce départ précipité attrista beaucoup Déniel. Le futur marin s'était pourtant bien contenu devant lui, et ce ne fut qu'après avoir quitté ses deux sœurs et celle qu'il chérissait encore davantage que le pauvre garçon gravit une colline d'où le clocher de sa paroisse se montrait une dernière fois à ses yeux, et là se soulagea par des larmes.

Un peu moins d'un an après, Loïs revenait de son premier voyage sur mer lorsqu'il rencontra, sous les remparts de Brest, Stévan, dont le régiment était en garnison dans cette ville. Le soldat venait d'obtenir un congé illimité, il allait revoir son village, mais une lettre cachetée de noir qu'il avait reçue quelques jours auparavant diminuait beaucoup pour lui la joie du retour. Déniel n'avait pu se consoler de l'absence du second de ses fils; il était mort en les nommant tous les deux et en les bénissant. Un nuage passa devant les yeux du marin; il embrassa son frère et le retint longtemps sur sa poitrine sans pouvoir parler.

Le sacrifice du pauvre Loïs avait été le plus pénible, et dans cette dernière circonstance, il poussa le dévouement jusqu'à l'héroïsme.

— Stévan, dit-il, ma carrière est fixée maintenant : je suis et je resterai marin; mais toi, tu peux réaliser le vœu que tu m'exprimais autrefois, en disposant dès aujourd'hui de cette somme de douze cents francs que nous avons encore chez le notaire. Prends une petite ferme; robuste et courageux, tu réussiras, et tu pourras vieillir en paix sans que tes fils aient besoin de se vendre un jour pour t'empêcher de mourir de faim ou de froid. Une femme est nécessaire pour tenir ta maison, quelle autre te conviendrait mieux que Marie ? Si tu prenais une autre compagne, je craindrais que Marie ne fût pas bien traitée par elle, et je suis sûr que la filleule de notre père sera heureuse avec toi. Parlez de moi tous les deux, ou plutôt tous les quatre, car je n'oublie ni Marguerite ni mon autre sœur. Dites aussi à notre bon curé, qui a connu mes petits chagrins, que je lui demande le secours de ses prières. Encore une recommandation, ajouta Loïs d'une voix plus émue, la semaine qui suivra votre mariage, je vous supplie d'aller ensemble à l'autel de Notre-Dame de Coz-Guéodet, qui a déjà fait un miracle en notre faveur. J'ai besoin de son aide pour une grâce importante.

Loïs refusa de s'expliquer sur la nature de cette grâce, et le curé du bourg, interrogé plus tard par Stévan et Marie, ne répondit pas plus clairement aux questions qu'ils lui adressaient. Le bon prêtre se montra moins discret auprès du jeune pêcheur son parent, le jour où il accompagna les nouveaux époux dans leur pèlerinage à Coz-Guéodet. Il ne doutait pas, d'ailleurs, du succès de leurs prières en faveur du marin, et il se figurait celui-ci assez fort, assez consolé avant peu pour se retrouver sans tristesse auprès de la femme de son frère.

VIII

L'impression que me laissa l'histoire de la famille Déniel fut un mélange d'admiration et de pitié pour les vertus chrétiennes et les rudes épreuves de nos journaliers-cultivateurs. En me rappelant tout ce qui a été fait dans les villes pour venir en aide aux classes souffrantes, je me demandais avec amertume pourquoi les sociétés modernes semblaient n'avoir pour les pauvres des campagnes qu'indifférence ou mépris. Suffirait-il de se montrer courageux, patient et résigné pour ôter aux hommes politiques l'idée de s'occuper de vous? Il n'est pas impossible, cependant, d'intercéder auprès des gouvernements en faveur d'aussi grandes misères, et d'en obtenir des secours qui, joints à des souscriptions locales, permettraient de fonder dans les chefs-lieux de cantons, sinon dans toutes les paroisses de nos campagnes, une maison de refuge pour les enfants orphelins, les malades et les malheureux vieillards. Ah! si l'on savait encore faire le bien avec simplicité, les obstacles s'aplaniraient merveilleusement!... Mais non, une chaumière transformée en hospice et dirigée par un paysan ou une paysanne à la manière d'une grande ferme, choquerait l'élégance de nos mœurs. Il faut laisser l'indigent mourir sur un fumier ou lui bâtir des palais, et lui donner, surtout, pour le conduire, un état-major dont le premier soin est d'absorber en frais inutiles la moitié des ressources de l'établissement.

Avant de m'éloigner du promontoire de Coz-Guéodet, je retournai dans la chapelle, et je priai avec effusion pour l'humble famille qui, la veille, s'était prosternée sur la pierre où je pliai moi-même les genoux. Une heure auparavant, j'avais déploré la pauvreté de ce sanctuaire, maintenant je n'eusse rien voulu y changer tant le dénûment de l'autel me semblait en harmonie avec certaines infortunes. Une église richement ornée ne peut donner qu'une idée bien insuffisante des splendeurs célestes, mais entre des murs délabrés, sous un toit croulant, on se figure aisément l'atelier de Joseph et l'étable de Béthléem. Ici, l'espérance se fortifie surtout par le souvenir de la vie indigente et persécutée de celle que le pèlerin veut intéresser à ses peines. Marie, reine des anges, Marie triomphante, provoquerait moins la confiance de nos laboureurs que la compagne de l'ouvrier de Nazareth, la mère d'un Dieu né dans une crèche et mort sur une croix.

LES PAUVRES

DANS LES CAMPAGNES

LES PAUVRES
DANS LES CAMPAGNES

Le récit qu'on vient de lire devait faire partie d'un nouveau volume sur les *Pèlerinages de Bretagne*, suite naturelle de mon voyage dans le Morbihan. Interrompu brusquement par les circonstances, le livre ne sera, peut-être maintenant, jamais achevé, et c'est pourquoi, après avoir longtemps hésité, je me décide à donner ici, à part, une histoire déjà vieille de date. Depuis l'époque où je l'écrivais, la question si complexe de l'extinction de la mendicité, non-seulement dans les villes, mais aussi dans les campagnes du Finistère, a préoccupé maintes fois l'administration civile et l'autorité religieuse. Il y a eu, de part et d'autre, des plans proposés et de généreuses tentatives ; mais je crois que sur un grand nombre de points les vœux exprimés plus haut sont encore à réaliser. N'étant pas, aujourd'hui, suffisamment éclairé pour parler avec justice des modifications obtenues, sans doute, dans plusieurs communes où les curés et les maires ont rivalisé de zèle en faveur des malheureux confiés à leurs soins, je remettrai à plus tard une nouvelle étude sur ce même sujet. En attendant, je voudrais ajouter quelques citations à l'appui de mon récit, et des réflexions qui s'y trouvent.

Voici, d'abord, une histoire qui a la plus grande analogie avec celle que j'ai rapportée. Je copie, sans y rien changer, une lettre qui me fut adressée, le 22 décembre 1857, d'une ferme voisine du bourg de Brélès :

« — J'ai obtenu du bon curé de saint Renan les notes que vous désiriez avoir sur le naufrage des *Petits Ouessantins* ; mais j'aimerais à signaler aussi à votre attention ce qui m'a été raconté, cette année, pendant la moisson, par un de mes journaliers.

« Camus n'était pas du Bas-Léon ; cependant, me dit Hamon, il avait un patois breton qui le rendait extraordinaire tout en le faisant comprendre. Dans sa jeunesse, embarqué sur un des vaisseaux de la République, il fut jeté dans les prisons de l'Angleterre, et, comme il ne savait ni lire ni écrire, la difficulté de recourir à un officieux, d'autres raisons, peut-être assez faciles à comprendre au milieu de toutes ces guerres brisant tant de relations, laissèrent sa femme, pendant des années, se demandant s'il vivait ou s'il était mort. Ils avaient deux petites filles, et les appointements du père n'arrivant plus au logis, la détresse y fut bientôt. Jusqu'alors, on habitait Brest, mais la femme avait à Brélès quelques parents, et l'idée lui vint de chercher auprès d'eux, dans la campagne, les moyens d'existence qui lui manquaient à la ville. Courageuse, infatigable, pleine d'abnégation, son plan devait réussir. Le travail ne lui manqua point : on l'aimait, on l'admirait, et c'était à qui viendrait à son aide en lui procurant de l'ouvrage.

« L'heure de délivrance sonna pour Camus, il put revoir la France; son pays qu'il n'avait jamais cessé d'aimer, et par-dessus tout sa chère compagne et ses deux enfants. Retrouver celles-ci n'était pas facile, aussi ne fut-ce qu'après de mortelles angoisses qu'il y parvint. Avec sa famille, le ciel lui rendait toutes ses affections; mais il en jouissait à peine lorsque les épreuves recommencèrent. Un incendie dévora la maison qu'il habitait. Rien ne fut sauvé, qu'un pain jeté par la fenêtre. Puis, successivement, il vit mourir ses filles et leur mère. Deux autres enfants lui restaient, deux petits garçons nés depuis son retour, et que, déjà avancé en âge, un peu infirme, il put élever, néanmoins, en cassant des pierres sur la route d'Argenton où il obtint un emploi de cantonnier.

« Les enfants grandirent : l'aîné fut placé dans un

-moulin, l'autre dans une ferme. Les forces du père baissaient de jour en jour, mais sa confiance en Dieu restait entière.

« — Je ne pourrai plus bientôt aller sur les routes, disait-il ; mais je ne crois pas que je sois obligé de mendier mon pain dans mes vieux jours ; je ne le crois pas, je ne le croirai jamais.

« Il avait raison, ses fils y veillaient. Le premier, favorisé par les chances du tirage au sort, était libre, désormais, de prendre un parti extrême pour assurer à Camus ce dont il avait besoin.

« Le fils du meunier avait été moins heureux que le garçon du moulin : ce dernier partit à sa place. Un abri, du pain, du tabac, le nécessaire pendant sept années d'existence pour un vieillard, voilà les conditions de son sacrifice.

« Le congé fini, le jeune soldat ne revint pas au moulin, le port de Brest lui offrant de meilleures ressources. Là, sa paye journalière lui permettait de continuer ses largesses ; mais déjà son exemple avait été suivi par son frère, qui, disait le père en pleurant de reconnaissance, n'avait pas le cœur fait autrement que lui.

« Le vieillard vécut ainsi, nourri, aimé, consolé par ses deux fils qu'il bénit avec effusion avant de mourir. Tous les deux, alors, étaient mariés, et travaillaient au port de Brest.

« Camus fut enterré à Brélès où son âme est recommandée tous les dimanches aux prières des fidèles de la paroisse. La famille entière se réunit une fois l'an sur sa tombe, continuant ainsi, longtemps après la mort de son chef, les témoignages d'affection et de respect dont je n'ai pu mentionner ici que les plus connus, les plus éclatants. »

On le voit, le dévouement de Stévan et de Loïs n'est pas un fait exceptionnel. Si les frères Déniel nous paraissent mériter l'admiration, les frères Camus n'en sont pas moins dignes.

Passons aux détails :

Malgré les tendances actuelles à ne reconnaître le désir du bien que dans les pouvoirs encore debout, on n'a peut-être pas oublié qu'en 1848, l'Assemblée nationale ordonna une enquête sérieuse sur la situation des classes ouvrières. Les notes auxquelles il est fait allusion dans l'histoire de la famille Déniel furent écrites, alors, par mademoiselle Maria de la Fruglaye, pour faciliter un rapport sur les cultivateurs de Plonjean, commune voisine de Morlaix. Personne ne pouvait fournir à l'enquête des renseignements plus exacts sur les ouvriers des campagnes. En effet, les détails les plus minutieux ne l'arrêtaient point, du moment qu'il s'agissait d'établir d'une manière certaine devant les besoins qu'elle signalait, la modicité des ressources. Il en était de même des tableaux les plus répugnants : la plaie que ses mains charitables ne craignaient pas de toucher pour le soulagement d'un malade, elle en parlait librement, sans tenir compte des délicatesses égoïstes se détournant des misères humaines dès que celles-ci provoquent le dégoût.

Mademoiselle de la Fruglaye, devenue, dans les dernières années de sa vie, religieuse de la congrégation de Notre-Dame, est morte à Paris le 27 avril 1862. Je voudrais, maintenant qu'il m'est permis de la nommer, placer sous la protection de sa mémoire si vénérée en Bretagne, les pauvres qu'elle aimait tant, et qu'elle s'entendait si bien à secourir. Laissons-là raconter une partie de ce qu'elle a vu de leur abandon, et nous dire ensuite, dans ses lettres, comment elle appréciait leurs vertus.

« Mon Dieu! que de souvenirs présenteraient à l'esprit une réalité plus affreuse et plus touchante à la fois que les tableaux d'une imagination excitée par le désir de produire des phrases à effet!

« Dans un moment de chômage complet, une famille de sept personnes vivait du minime salaire de la mère, pauvre couturière de campagne. Le père gardait les plus petits enfants tandis que les autres allaient chercher du bois et quelques aumônes dans les environs. La mère tombe malade d'un dépôt au genou; alors elle ne peut plus rien gagner. Le mari, capable de travailler n'ose tendre la main; les enfants sont trop jeunes pour aller au loin, et retourner trop souvent dans les mêmes maisons, c'est s'exposer à des rebuts. Je vois encore cette malheureuse famille! Le père au foyer sans feu, dans l'attitude du désespoir, déplorant sa force et la santé qui augmente son appétit, agité successivement par la douleur de voir souffrir les siens, et les tentations de murmures, d'envie, de vol, que peut produire une telle position; la femme, à demi-couchée sur un lit de paille, consolant par ses caresses le pauvre nourrisson qui cherche en vain dans son sein le lait que la faim y a tari; les autres enfants attendent le repas que leur promet faiblement leur sœur aînée à son retour du lavoir où elle va nettoyer le linge de son petit frère.

« A ce triste spectacle, je restai quelques instants muette. Habituée à voir, dans le monde, tant de gens se plaindre et douter de tout aussitôt que le malheur les visite, je cherchai des paroles propres à témoigner ma compassion sans blesser. Il est si facile d'irriter une plaie en la touchant! Je prononçai le mot de Providence, et m'arrêtai dans la crainte involontaire de provoquer un blasphême qu'une pareille misère aurait presque excusé à mes yeux.

« Le visage pâle et amaigri de la femme s'éclaircit aussitôt:

« La Providence? Oui, j'ai plus besoin que jamais de m'y confier, et *comment ne le ferais-je pas!* Depuis quatorze ans que je suis mariée, je n'ai eu ni bourse ni rentes; je n'ai jamais pu acheter un vêtement pour mes enfants; eh bien, regardez-les! ils sont gras et forts plus que ceux des riches; et celui-ci, pour lequel je n'avais plus ni lait ni farine, n'osant en faire demander chez tel et tel qui m'en ont donnés la semaine dernière, voici que vous arrivez à son secours!

« Je n'oublierai jamais cette pauvre créature pressant son enfant affamé sur son sein desséché, et bénissant la Providence !

« La vieillesse du prolétaire des campagnes n'est pas moins digne de compassion que son état de maladie. Après avoir épuisé ses forces, élevé sa famille, il n'a plus d'autre ressource que la mendicité. Il y a très-peu de vieillards dans cette classe : la fatigue et les privations abrègent leur vie, et on peut le considérer comme un bonheur quand on voit l'état déplorable où languissent trop souvent leurs veuves dont les jours se prolongent ordinairement beaucoup plus. Elles mendient aussi longtemps qu'elles peuvent marcher, et quand leurs forces manquent, quand les maladies ou les infirmités viennent, une grange, parfois sans cheminée, leur sert d'asile. Quelques fagots soulèvent de la terre nue et humide un peu de paille recouverte d'un lambeau de toile et de haillons que dépouillent ces pauvres vieilles pour s'allonger sur leur grabat. Plusieurs n'ont pas de demeure fixe, préférant à la froide solitude d'un réduit isolé, l'angle d'une crèche où le fermier prolonge pour elles la litière des animaux qui les réchauffent de leur haleine. C'est de là que relevant une femme mourante, couverte d'ordure et de vermine, une fermière répondait à l'offre de lui payer ses soins :
— On ne peut pas faire des choses aussi répugnantes pour de l'argent; on les fait pour l'amour de Dieu.

« Je ne puis dire combien il est douloureux pour les personnes appelées à voir de près une misère aussi affreuse en des êtres si résignés, de ne pouvoir les faire admettre dans aucun établissement de charité publique. Il faut s'efforcer, alors, de parler du ciel, espoir de toutes les douleurs sans consolation, pour réprimer le murmure qu'inspire contre l'administration de la bienfaisance publique d'un pays civilisé, la vue de pareilles souffrances sans aucun soulagement. »

La lettre qui servait d'envoi à la communication de ces notes trop étendues pour les citer ici en entier, est aussi bien digne d'attention.

« Keranoux, 22 novembre 1848.

— « Il est bien vrai que le découragement est une grande tentation dans la vie pour les plus nobles cœurs quand ils voient l'humanité se dépouiller peu à peu des prestiges dont ils se plaisaient à lui prêter l'éclat.

« Beaucoup de préventions mutuelles qui séparent les hommes dignes de s'estimer viennent de ce qu'ils ne se connaissent point autrement que par leur écorce et non par le fond même de leurs sentiments. Il faut qu'un événement quelconque les mette en contact pour deviner qu'il y a un suc bienfaisant sous l'âpre écorce de l'orange. Quand on l'a trouvé dans une, il faudrait tirer l'induction qu'un fruit analogue peut encore en recéler, et non se dire qu'on a rencontré l'exception, bien qu'il soit raisonnable de croire que tous les fruits d'un arbre n'ont pas une égale saveur.

« Pour moi, j'ai trouvé, comme le dit Cormenin, plus de vertu solide dans un nombre donné de familles du peuple de nos campagnes que dans un nombre pareil de familles plus riches. J'ai, toute ma vie, éprouvé un sentiment de répulsion pour ces formules méprisantes de *vile condition* etc., bien que je les ai ouies dans la bouche de gens dont l'estime n'était pas moins réelle que la mienne pour les hommes estimables dans tous les rangs de la société. Toutefois, il est vrai qu'il serait bon et utile de faire comprendre ce qu'il y a de peu chrétien et d'inconvenant, dans un temps de démocratie, à irriter par ces procédés à rebrousse-poil de notre siècle d'honorables susceptibilités. Il y a beaucoup de personnes qu'il suffirait d'éclairer à cet égard pour les corriger. N'arrêtez donc pas votre plume si elle est lancée sur ce point. La mission du littérateur a toujours été de reprendre les torts de la société en vue de la servir.

« Il y a longtemps que j'ai pensé au beau traité de politique et de politesse chrétiennes qu'on extrairait de saint-Paul, au besoin. L'enquête ordonnée par l'Assemblée Nationale sur l'état des ouvriers, et le choix d'un des nôtres pour délégué de ceux de Ploujean, m'a donné lieu de recueillir les souvenirs de mes relations avec cette portion si intéressante de notre population qu'il suffit de connaître pour aimer. Peut-être la lecture de ces pages si barbouillées vous présenterait-elle quelque intérêt dans le cours actuel de vos pensées sur ce sujet. Je vous demande d'étendre sur cette communication le secret de mes autres pages intimes; mais usez des faits comme de la vérité s'ils conviennent à votre plan.

« Je vous ai demandé de venir à moi quand votre âme souffrirait de cette fatigue dans la recherche du bien, fatigue qui est une des épreuves de notre exil; mais je ne sais si, mercredi, je ne vous ai pas un peu traité en homéopathe, car j'étais moi-même plus en fond de prévisions tristes qu'autre chose. Toutefois, le sujet de mes craintes n'est que pour le côté humain des événements, et, sous le rapport de la foi, j'accueille bien des espérances éloignées. A mesure que tous les rouages secondaires s'usent, nous approchons du moment où il faudra reconnaître leur inutilité sans le moteur unique de toutes choses. Dans les plus admirables inventions de notre esprit, n'y a-t-il pas toujours un agent nécessaire qu'il ne peut produire? Le feu pour la vapeur, l'eau pour la mécanique, les métaux pour les arts les plus précieux. — Et l'on veut, depuis bientôt cent ans faire marcher la société à force de rouages sans le moteur divin! Chaque parti se reproche des fautes comme cause de chutes : levons les yeux plus haut; la faute est commune : on a voulu se passer de Dieu ou borner son action dans la société, et la source qu'on voulait restreindre en d'étroits canaux, a renversé, l'un après l'autre, les établissements dont elle pouvait faire la prospérité et le salut. On a dit à celui qui est l'immensité : — voilà la place que nous vous destinons; restez-y. — Et celui qui a dit à la mer. — Tu n'iras pas plus loin ! — s'est ri des hommes dont la petitesse infinie osait lui dire la même chose.

« Le mot de tout est en Dieu. Nous ne savons pas tout comprendre parce que nos vues sont bornées et que les siennes sont infinies, mais lorsqu'un doute pèse sur nos âmes, cherchons dans la prière et la foi la solution de nos peines. Voyez la doctrine du péché en Adam nous expliquer pourquoi il y a de *l'hommerie* partout où il y a des hommes, même chrétiens. Nous sommes les branches d'un mauvais sauvageon, le baptême nous a entés sur la tige de Jessé. Nos vertus sont les fruits de la vie de Jésus-Christ en nous; ces fruits ont leur développement, leur verdeur acide; puis, ils mûrissent plus tôt ou plus tard, suivant les branches mieux exposées. Souvent il y en a déjà de bien colorés avant qu'un autre soit développé entièrement. Ce n'est qu'au temps de la vendange que le divin vigneron cueille, par la mort, le fruit de sa vigne. Toute la vie nous est donnée pour mériter, et, par conséquent, perfectionner en nous l'action de la vie de Jésus-Christ. — Veuillez relire les chapitres 14, 15 et 16 de l'Évangile de saint Jean, vous verrez que le vigneron trouve à tailler dans la vigne la mieux choisie.

« Ne nous étonnons donc pas de l'imperfection des chrétiens : ils sont des hommes, et la bonté de Dieu n'a-t-elle pas confié les deux choses les plus importantes du monde, le saint ministère et le gouvernement de son Église à des hommes, en déclarant qu'il n'y en a point d'impeccables, et n'obligeant pas moins à la confession de ses péchés le Pape que chacun des fidèles. L'œuvre de Dieu se peut donc faire avec des instruments imparfaits, pourvu que leur volonté soit d'accomplir la volonté de Dieu, et de s'y dévouer en se perfectionnant. »

Ces pensées sur les questions les plus hautes écartaient un peu mademoiselle de la Fruglaye de son assertion en faveur des vertus du pauvre ; mais elle y revint quelques semaines après avec tout l'amour qu'elle portait à ceux dont elle s'était fait, par l'adoption, une seconde famille :

« Oui, pour les avoir plus connus que d'autres, je rends plus justice aux vertus des pauvres, et je crois parfaitement qu'il existe parmi eux plus d'êtres *heureux* que dans les autres classes de la société. La cause en est qu'ils sont, ordinairement, plus dans le vrai en toutes choses que les gens dont l'instruction a souvent trop développé l'imagination et la sensibilité. Ils savent le nécessaire : d'où ils viennent, où ils vont, et le chemin qu'il faut suivre pour arriver au but réel de la vie, qui est l'éternité. Les circonstances heureuses ou malheureuses n'ont à leurs yeux d'autre importance que les accidents passagers de la route pour le voyageur. J'ai souvent étudié cela sur un point où j'avais grand besoin de leçons : leur manière d'envisager la perte de leurs parents et de se conduire envers eux dans leurs derniers moments. Eh bien ! je vous assure y avoir acquis la conviction qu'il y a infiniment plus de véritable affection dans leurs usages et leurs procédés que dans toutes les sensibilités des usages du monde, qui aboutissent, en définitive, à s'occuper plus de sa propre douleur que de l'objet de ses regrets.

« De même encore, plus exempts que nous de préjugés et de présomptions, ils voient les choses de la vie avec plus de philosophie chrétienne, et parviennent souvent à une haute sagesse de conduite pour eux-mêmes et leur famille, par cette seule droiture d'esprit et de cœur déduisant chaque jour les conséquences pratiques des principes chrétiens. David ne disait-il pas : « Je suis devenu plus sage que les vieillards parce que j'ai été assidu à méditer votre loi, Seigneur ! » Je ne crois pas du tout que le peuple comme peuple ait plus de bon sens que nous, et j'ai vu de trop près le triste peuple du centre, redevenu chair et matière en tout, pour attribuer une intuition particulière de vertu à l'absence du développement de l'intelligence humaine par défaut de culture. Non, ce serait méconnaître la vraie cause des nobles élans et des vertus solides que nous aimons dans notre peuple breton. N'attribuons point les fruits sains et abondants qu'il nous offre à l'âpre sève du sauvageon, mais bien, encore une fois, à la greffe divine qui en a changé la nature. Le péché originel existe pour l'enfant né sous le chaume comme pour celui du berceau royal : seulement, il arrive souvent que l'atmosphère parfumée des lambris dorés étiole et allanguit la vie en nous, tandis que l'action, le dévouement, l'abnégation, l'humilité, la confiance en Dieu développent, au contraire, la vie du pauvre. Les fruits de plein vent ont plus de saveur : les arbres qui les portent ont des jets plus vigoureux, et pourtant on voit aussi d'admirables prodiges de grâce germer et fructifier où tant d'autres dépérissent. Les saint Louis, les sainte Élisabeth sanctifièrent le trône sans préjudice à la parole divine qui annonce qu'il est difficile aux riches d'entrer dans le royaume des cieux. Donc, le nombre des élus sera plus grand parmi les pauvres que notre Seigneur appelle *Bienheureux*. L'Église a fait tout ce qu'elle a pu, même pour leur bonheur terrestre. Ses fêtes sont leurs joies, ses solennités leurs plaisirs. Apprenez-leur de plus en plus à être heureux par la paix de la conscience, les devoirs remplis envers Dieu, envers leurs familles, envers leur dignité d'hommes, de Français, de chrétiens. »

Ces dernières paroles se rapportent à la fondation récente à Morlaix, d'une société de secours mutuels pour laquelle les *Soirées de l'Ouvrier* ont été écrites. Les pauvres des campagnes inspiraient un intérêt particulier à mademoiselle de la Fruglaye, mais les ouvriers des villes, et même les insurgés de Juin rassemblés sur les pontons dans la rade de Brest, n'occupaient pas moins son zèle. Elle cherche, dans sa correspondance, les moyens de faciliter la mission du prêtre chargé de la visite de ces prisonniers. « Pauvres êtres, dit-elle, dont les passions soulèvent l'âme plus que la mer leur prison flottante. » D'autres, rendus cruels par la peur, refusent toute compassion aux ennemis de l'ordre ; elle qui n'a pas tremblé, elle distingue entre eux après leur défaite, et l'heure du châtiment arrivée, on l'entend les plaindre tous. « S'il y a là, dit-elle encore, beaucoup de criminels, il y a aussi beaucoup d'hommes froissés et abusés. » On peut, en même temps, vouloir la défense de la société, la punition nécessaire, et demander pour les coupables, qui le sont à différents degrés, les consolations dont ils ont besoin. Voilà ce que faisait l'admirable femme dont les renseignements m'ont été si utiles quand j'ai eu à raconter le dévouement filial des deux frères Déniel.

Une main pieuse recueille, en ce moment, pour les offrir à nos sympathies, les notes et quelques-unes des lettres intimes de celle qui rappelait si bien au milieu de nous les du Houx, les Volvire, les Querven, ces types accomplis de la femme chrétienne et de la châtelaine bretonne. Les fragments qui précèdent donneront une idée de l'intérêt que peut avoir cette publication pour ceux qui demandent à leurs lectures autre chose qu'un amusement passager.

En attendant, nous paierons notre tribut de regret à la mémoire d'une amie, nous allions presque dire d'une sainte, en reproduisant, ici, des stances qui lui furent adressées en 1846, et, sur sa prière, demeurées secrètes tant qu'elle a vécu. L'histoire du Rouge-gorge est connue de toutes les personnes qui fréquentaient le château de Keranroux à l'époque de la construction de la chapelle. Un rouge-gorge, en effet, tint fidèle compagnie aux ouvriers pendant la durée des travaux, et parut, ensuite, s'établir dans la chapelle en qualité de chantre et de maître des cérémonies. Il se baignait sans façon dans le bénitier, allait et venait gaiement sous la voûte, et mêlait sa voix à toutes les prières :

— C'est notre petit architecte, disait en riant M. le comte de la Fruglaye.

Ici, comme dans l'histoire de la famille Déniel, l'imagination n'avait rien à faire.

LE
ROUGE-GORGE DE KERANROUX

A

MADEMOISELLE MARIA DE LA FRUGLAYE.

Quand Jésus, alors solitaire,
Au bord du Jourdain se rendit,
Sur le Dieu promis au Calvaire
Une colombe descendit...

Paul vieilli dans la Thébaïde
Trouvait aux fentes d'un rocher
Le pain que d'une aile rapide
Un corbeau venait y cacher.

L'oiseau naquit pour le message :
Il va de l'homme à l'Éternel ;
Et son étape de voyage
Est entre la terre et le ciel.

Vous le savez! — A l'heure même
Où vous disiez dans votre cœur : —
Pensons au Maître qui nous aime ;
Dressons un autel au Seigneur, —

Un rouge-gorge sur la pierre,
S'arrêtait, oubliant ses bois,
Et la maison de la prière
S'élevait au bruit de sa voix.

Les ouvriers, la châtelaine
Écoutaient du petit chanteur
Le cri joyeux, la note pleine
Et d'harmonie et de douceur.

Il vint ainsi toute une année
Constant, aimable, familier,
Et, la chapelle terminée,
Il y pénétra le premier.

Il mêlait son hymne aux louanges
De la châtelaine à genoux :
On eût dit la voix de deux anges
Qui priaient ensemble pour nous.

Cet oiseau la bonté céleste
Semblait l'envoyer, le bénir ;
Mais un jour, présage funeste
On ne le vit plus revenir.

Oh! triste, bien triste présage,
Car, pour les malheureux aussi
Le doux absent était l'image
De celle qu'il aimait ici.

LE ROUGE-GORGE DE KERANROUX.

Ami que l'enfance révère
On dit que, plus sombre autrefois,
Le rouge-gorge, au mont Calvaire,
Gémissait autour de la croix ;

Et, lorsque la tête divine
Pâle et mourante se courbait,
Il recueillit sur sa poitrine
La goutte de sang qui tombait.

C'est votre histoire, noble femme,
Si grande par la charité !
Vous pleurez de toute votre âme
Sur la croix de l'humanité.

Et pressant d'une étreinte pure
Les affligés entre vos bras,
Vous essuyez chaque blessure
De ceux qui souffrent ici-bas.

Toujours le malheur vous attire :
Où trouver un réduit caché,
Un obscur chevet de martyre
Que votre amour n'ait point cherché ?

Oui, comme cet oiseau, sans doute,
O notre exemple, ô notre sœur,
Vous avez en vous une goutte
Du sang généreux du Sauveur !

Aussi, nous que le ciel emploie,
Ouvriers faibles et nouveaux,
Nous vous saluons avec joie
Toujours mêlée à nos travaux.

Devant vous, chacun plein de zèle
Veut poser sa pierre à son tour :
Cependant vous avez une aile
Qui doit vous emporter un jour.

Ces prières mélodieuses
Qui couvrent nos accents confus,
Ces soupirs, ces larmes pieuses
Un jour nous ne les aurons plus.

Que ce jour soit bien loin encore !
N'imitez point l'oiseau perdu,
Quelques mois fidèle à l'aurore
Et puis vainement attendu.

Nous savons que votre sagesse,
Au ciel, par de là le tombeau,
En secret vous parle sans cesse
Des trésors d'un monde plus beau.

Hélas ! à ce lieu de mystère
Ne vous hâtez point de voler :
On ne trouve que sur la terre
Des malheureux à consoler.

LA
CROIX QUI MARCHE

CROIX QUI-VIRE.

LA
CROIX QUI MARCHE

I

Elle est toujours là devant mes fenêtres, au bord de la route qui va de Morlaix à Callac : et, du cabinet où j'écris, je ne puis lever une fois les yeux sans voir ses bras de granit s'étendre vers moi au-dessus des buissons. Depuis longtemps nous nous faisons vis-à-vis, et des voisins m'assurent que nous avons des chances de nous rapprocher encore, le chemin déjà fait par elle, et celui qu'elle doit faire plus tard avançant, suivant la légende, dans la direction de mon ermitage. J'aimerais, du reste, à vérifier, dans un quart de siècle, le nombre de pas franchis entre nous, mais un bruit fâcheux, un bruit de travaux à entreprendre, de bouleversements à recommencer sous prétexte de redressements et d'embellissements me font craindre de ne plus retrouver, dès l'année prochaine, ma pauvre croix, sans que la main des hommes ne l'ait transportée par caprice sur le sommet du coteau, ou renvoyée plus bas se mirer dans la rivière. A combien d'autres changements n'ai-je point assisté autour de ma retraite naguère si poétique dans son isolement ? A droite, les prairies arrosées par le Jarleau, bordées de saules et de peupliers, ont fait place à un champ de foire bien nu, et réservé dorénavant à la ruse et au mensonge ; à gauche, de riants vergers ont été sacrifiés pour l'établissement d'un abattoir; en face même, à côté de la *croix qui marche*, une maison, témoin d'un événement tragique et mystérieux, s'est transformée tout à coup en cabaret, et a pris pour enseigne un mauvais rébus. Voilà l'effet du progrès ; et, le grand mot une fois dit, il ne reste plus qu'à baisser la tête. Celui qui s'aviserait comme moi, de préférer des pommiers en fleurs à des bœufs ou des moutons qu'on égorge; de l'herbe verte et de frais ombrages à des groupes d'éleveurs et de maquignons s'injuriant et blasphémant une demi-journée pour la vente d'un cheval; celui-là ferait bien de disparaître aussi du coin qu'il occupe inutilement pour laisser aux créations acharnées des hommes du jour le soin d'effacer ses traces le plus vite possible.

En attendant, recueillons quelques souvenirs sur

la vieille croix de pierre, et, sans alourdir notre récit de pièces justificatives, ces souvenirs, adressons-les aux bonnes gens, aux cœurs naïfs, aux âmes simples.

II

Donc, à moins d'une lieue de la ville, en suivant d'abord le chemin de Callac pour s'enfoncer ensuite dans une de ces vallées qui rappellent au voyageur les plus gracieux paysages de la Suisse, s'élevaient autrefois, l'un en face de l'autre, deux manoirs lézardés et couverts de mousse. Frères jumeaux aussi bien par la ressemblance que par l'âge, ces deux manoirs avaient chacun un étage à trois fenêtres de façade, une porte grossièrement sculptée à laquelle on arrivait au moyen de quatre marches fort inégales, une tourelle en poivrière surmontée d'une girouette rouillée, enfin, un petit jardin dont les vieux murs pouvaient s'écrouler à leur aise, les fruits qu'ils avaient à protéger n'étant, après tout, pour les voleurs, qu'un piège et une punition. Çà et là, au lieu de vitres, apparaissaient aux croisées une planchette, un morceau de carton, et même dans l'une des gentilhommières, l'abandon et la ruine avaient fait de tels progrès qu'on remarquait à l'angle du toit une large ouverture livrant passage à la pluie qui descendait en cascades du grenier au premier étage, du premier étage au rez-de-chaussée, du rez-de-chaussée dans la cave changée en étang et recevant ainsi beaucoup plus d'eau dans un hiver qu'elle n'avait contenu de vins pendant des siècles. De l'autre masure, un vieillard infirme et mourant contemplait avec tristesse ce surcroît de dévastation, et s'adressant à sa fille, jeune personne de dix-sept ans, sortie récemment d'un couvent voisin, il revenait tous les jours sur ses craintes de voir, malgré son âge avancé, la *Sapinaie* tomber avant lui.

— Ce n'est pas, ajoutait le malade en soupirant, que notre *Léandi* soit de force à résister bien longtemps encore... Pauvre *Léandi!* pauvre *Sapinaie!* il était dans la destinée de leurs maîtres de s'en aller de ce monde sans les avoir relevés pour les transmettre à ce bon Gratien de Coativy et à mon petit Geoffroy, votre frère.

— Il est vrai, répondait la jeune fille, mais ni mon frère ni moi n'avons à regretter ce *Léandi*. Voyez ces poutres noircies, cette porte de communication barricadée par un vieux bahut, ce lit auquel il manquait un pied que Job le laboureur a remplacé par une bûche, cette table boiteuse, ces chaises misérables, et demandez-vous si cela réjouit les yeux? Le manoir avec son ameublement est bien l'habitation la plus maussade qu'on puisse imaginer dans un mauvais rêve. Combien de soucis et de privations ne doit-il pas vous rappeler! Y avez-vous jamais été heureux?

Le vieillard demeura quelques instants sans répondre, le front incliné, le menton appuyé sur sa main décharnée et d'un blanc mat, comme si le sang n'y circulait plus. Enfin, d'une voix pleine d'émotion :

— Louise, voilà plusieurs années que notre Léandi n'est plus pour vous qu'un lieu de passage, et c'est pourquoi votre question ne me surprend point. Si vous aviez vécu, vieilli, aimé et souffert ici comme moi, vous penseriez différemment. Je ne connais que fort peu de livres, cependant je puis vous citer Charron, dont le traité sur la sagesse m'a été donné, il y a cinquante ans, par mon oncle le chanoine. — Il n'y a manière de vie si étroite, dit ce moraliste, qui n'ait quelque soulagement. Les forçats pleurent quand ils entrent en la galère, au bout de trois mois ils y chantent. Ceux qui ne sont pas accoutumés à la mer pâlissent même en temps calme quand on lève l'ancre, et les matelots rient durant la tempête. Le temps et l'habitude font tout : ce qui nous offense est la nouveauté de ce qui nous arrive.

Louise secoua la tête d'un air peu convaincu.

— Le croyez-vous? murmura-t-elle ; pour moi, je ne puis attendre du temps et de l'habitude que de la résignation. Espérer quelque chose de plus dans le dénûment où nous sommes ne m'est pas possible.

Le malade tira de sa poche un mouchoir usé et le passa deux ou trois fois sur ses yeux. Il reprit ensuite.

— Il fut une époque où les Kerhar et les Coativy laissaient à leurs enfants un autre héritage que le Léandi et la Sapinaie. J'ai là, dans ce tiroir, la généalogie de nos deux familles, et ma fille verrait peut-être avec quelque orgueil les charges occupées, au siècle dernier, par plusieurs de nos ancêtres. Cependant l'inévitable est arrivé. Dans les partages successifs, les aînés, suivant la coutume de Bretagne, ayant emporté les deux tiers des biens, le tiers divisé entre les cadets s'est tellement réduit avec le temps que notre lot, à René de Coativy et à moi, ne dépassait point un revenu de six cents livres. Que pouvaient faire de mieux les deux amis qui n'avaient ni le goût des armes, ni la vocation religieuse, que pouvaient-ils faire, sinon mettre la main à la charrue et demander ainsi résolûment à la terre le pain de chaque jour ? Ce parti était le seul raisonnable, et longtemps voués au célibat, mettant en commun nos ressources, nos serviteurs, nos travaux, nous avons passé ici une vingtaine d'années lui tout pour moi, et moi tout pour lui. Alors, à votre question, ma chère Louise, j'aurais pu répondre sans hésiter : — Oui, je suis heureux, — car mes désirs ne s'étendaient que bien peu au-delà de notre existence paisible et laborieuse.

— Et plus tard ? demanda Louise.

— Plus tard, mon enfant, Roland prit des habitudes différentes des miennes ; je fis des observations inutiles, et notre intimité en souffrit. D'un caractère enjoué, aimable, mon compagnon s'était mis à courir les châteaux voisins, et l'hospitalité bretonne l'accueillait si joyeusement qu'il demeurait, sans scrupule, des semaines entières absent de la Sapinaie, dînant ici, soupant là, menant enfin une vie parasite. Je l'aimais trop pour ne pas regarder comme un malheur ce qui pouvait porter atteinte à sa dignité. — Bah! disait-il, ne t'inquiète point de ces repas arrosés d'un vin généreux et peu en rapport, je l'avoue, avec ta cuisine d'anachorète! mes plaisanteries, mes contes, mes chansons paient largement mon écot, et s'il y a un obligé, c'est l'heureux châtelain dont je veux bien égayer la table. — Il ajoutait qu'en sortant de ces réunions, son isolement lui pesait et ne sachant rendre à mon ami ses premières occupations et le salutaire amour du chez-soi, ce fut moi qui, le premier, parlai d'un double mariage. Cette idée reçut le meilleur accueil, et quelques semaines après seulement, en dépit du siècle que Roland et moi formions à nous deux, nous entonnions l'un et l'autre, au festin des noces, la chanson du marié, qu'un garçon de ma connaissance aimerait sans doute à chanter aussi sous ce vieux toit, en revenant un de ces matins de notre église.

La jeune fille sourit, mais d'un sourire sans gaieté.

— Et maintenant, dit-elle, ne chanteriez-vous pas plutôt, en vous rappelant les chagrins de votre ménage, cet autre couplet d'un *Sône :* « Vie mauvaise et méchante, je ne puis te regretter, car tu as été trop lourde à mon cœur! »

Le vieillard attacha sur les yeux de sa fille un regard profond.

— Votre mère, répliqua-t-il d'un accent où perçait le reproche, avait trop de raison, d'énergie et de piété pour ne pas adoucir et rendre très-supportables des chagrins qui, avec une autre, m'aurait accablé. — Dieu, me disait-elle, ne sait-il pas mieux que nous ce qui nous convient, et, du moment que nous avons le nécessaire ici, au fond d'une solitude charmante, à quoi bon des rêves ambitieux? Parmi les aînés de nos deux familles, il en est encore qui tiennent dans le monde un rang élevé; eh bien, qu'ils soient heureux s'ils le peuvent, au faîte des grandeurs, comme nous pouvons l'être, comme nous le sommes dans l'obscurité. Pour un lot brillant, combien de milliers de lots modestes; et cela étant, quoi de plus sage, au lieu de se consumer en vains désirs, que de s'appliquer, là où l'on se trouve, à goûter et à répandre autour de soi le contentement? — Ainsi parlait ma bien-aimée femme, et moi je me confiais paisiblement aussi à la bonté de la Providence qui, dans les moments difficiles, ne manquait jamais de se révéler à nous. A la Sapinaie, les choses allaient du même pas, et c'était de plus, entre les deux familles, un échange de bons offices inconnus ailleurs que chez les petits. En ce temps-là, ma fille, je puis vous affirmer de nouveau que votre père n'était point à plaindre, mais, peu après, quelle douleur ! Aux environs régnait une maladie contagieuse, et votre mère, atteinte la première dans notre paroisse, communiqua le fléau à madame de Coativy qui la soignait. Depuis ce jour, déjà bien loin de nous, ni Roland ni moi n'avons plus trouvé la même force, le même courage, et peu à peu un air de détresse et d'abandon s'est répandu sur les deux manoirs.

Louise étendit la main vers la Sapinaie, et montrant l'ouverture qui de la cheminée descendait jusqu'au bord du toit :

— Il est certain, dit-elle, toujours avec son sourire mélancolique, que si Gratien ne se hâte point d'arriver, le manoir, mis à flot, ira lui-mêms au devant de lui, à son retour des Indes.

— Et vous pouvez ajouter, continua M. de Kerbar, que le vieil ami de son père dormira aussi son dernier sommeil dans le cimetière de Plourin, à côté de la tombe de Roland de Coativy. Confiée par votre marraine aux bonnes Ursulines du Faouët, vous avez vécu trop longtemps loin de moi pour bien distinguer de l'effet des ans les progrès de la maladie. Votre jeune frère, lui, ne s'y trompe point : je m'en aperçois tous les soirs à ses instances pour ne pas me quitter. Il craint de ne plus me retrouver à son réveil.

Les yeux de Louise étaient pleins de larmes : elle

se rapprocha du vieillard de plus en plus affaissé dans son grand fauteuil.

— Geoffroy, dit-elle, ne saurait beaucoup tarder. Quelque chose me fait pressentir qu'il nous apportera une lettre de votre ami.

— De mon ami ? répéta M. de Kerhar ; pourquoi pas plutôt de notre ami ? Prenez-y garde, mon enfant, vous ne pouvez avoir oublié Gratien !

Louise ne répondit pas directement : suivant elle, une recluse avait bien des chances de conserver longtemps le moindre souvenir, tandis qu'un marin, voyant tous les jours des pays nouveaux, se trouvait dans les conditions les plus favorables au manque de mémoire, Il y avait d'ailleurs, pour Gratien de Coativy, d'autres raisons d'oubli à son égard ou plutôt d'indifférence. N'assurait-on pas au couvent que le jeune capitaine de commerce devait épouser, à Saint-Malo, la fille de son armateur ? Suivant la mère Angèle, ce riche mariage, entrevu depuis longtemps, expliquait seul le refus que fit Gratien, un gentilhomme, de quitter une position humiliée pour entrer dans la marine royale.

Le malade se ranima un instant :

— Comment, s'écria-t-il en relevant la tête, voilà maintenant la mère Angèle mieux instruite que moi de faits qui se sont passés sous mes yeux, et auxquels j'ai participé ! Vous ne retournerez plus ¡au couvent, ma fille, sans quoi vous pourriez apprendre à madame la maîtresse des pensionnaires que son histoire est une invention du malin esprit. A une autre époque (écoutez-moi bien), Roland et moi, nous multipliâmes inutilement les démarches pour parvenir à faire admettre Gratien dans les gardes de la marine. Certaines dépenses étaient nécessaires, et l'argent manquait également à la Sapinaie et au Léandi. Fatigué de courir après la faveur qui n'arrivait point, le jeune homme nous supplia de le laisser embarquer sur un navire marchand au moment de prendre la mer pour un voyage aux Indes orientales. Son père y consentit après quelque hésitation, excusée peut-être par un préjugé dédaigneux. Je contribuai à le décider, ayant peine à me persuader, pour ma part, que des deux bras d'un même corps celui qui nourrit avilisse en laissant tout l'honneur à celui qui tue. Plus tard, en effet, l'apprenti marin s'étant distingué dans un naufrage qui fit du bruit, on vint nous offrir pour lui spontanément le chapeau galonné d'or, l'habit de drap bleu avec les parements d'écarlate tant désirés, tant sollicités d'abord. A notre tour, il est vrai, nous répondîmes par un refus à ces avances trop tardives, mais nous avions d'autres raisons qu'un projet de mariage pour agir ainsi.

— M. Gratien en a-t-il fait un mystère? demanda l'élève de la mère Angèle.

— Nullement. Une de ces raisons au moins était fort sage, M. Métivier, l'armateur, promettait à notre garçon un avancement très-rapide, un intérêt dans les entreprises dès qu'il serait en état de commander; enfin, des chances sérieuses et inespérées de rétablir un jour la fortune de sa famille.

— Et tout cela sans aucune mention de mademoiselle Palmyre ?

— Ah! elle se nomme Palmyre! Non, encore une fois, on ne parla alors de Palmyre ni de Fanchette, et si, depuis, des ouvertures de ce genre ont été faites à Gratien, celui-ci ne m'a pas mis dans la confidence. En tous cas, cloîtrées ou courant les champs, ces filles d'Ève sont les mêmes pour la vanité. Rien ne se fait, rien ne se décide entre nous gens à moustaches, sans qu'elles se persuadent qu'une femme est l'objet principal de la question.

Une voix très-sonore, mais essoufflée par l'effet d'une marche trop rapide, interrompit l'entretien :

— Mon père! mon père! une lettre! il est en France! Oh! quel bonheur! quel bonheur!

Le vieillard se leva d'un bond et voulut se précipiter vers la porte. Sa fille l'arrêta. Il était temps, car aussitôt le pauvre corps du malade arrivé à ses derniers jours, retomba lourdement sur le velours usé de l'unique fauteuil qui fût dans la chambre.

III

Il y avait un contraste bien frappant entre mademoiselle de Kerhar et le joli blondin de dix à onze ans qui parut l'instant d'après, tenant la lettre annoncée triomphalement au-dessus de sa tête. La beauté de Louise ne pouvait avoir en même temps plus de distinction et d'éclat ; seulement, un pli assez rare à trouver sur un front de dix-sept ans donnait à sa physionomie une expression d'inquiétude peu agréable. Geoffroy, au contraire, n'était que joie et confiance dans l'épanouissement de ses lèvres et la limpidité de son regard.

— Une lettre de lui ! répéta l'enfant en laissant tomber sur les genoux de son père l'épître du jeune capitaine de la *Malouine*. Le vieillard l'ouvrit d'une main tremblante, et si troublé par l'émotion qu'il ne voyait sur le papier que des lignes confuses, indéchiffrables.

— Ces verres, bégayait-il en essuyant ses lunettes, ne suffisent plus à mes yeux éteints. Que dit-il donc ce cher fils de mon vieux Roland ?... « Après-demain... Louise... » Oui, certainement le nom y est. Pauvre garçon ! Oh ! c'est bien lui, « demain... Louise... » et puis je lis encore un peu plus bas... Eh ! mon Dieu, non, je ne lis rien, et mes yeux n'ont qu'à se fermer tout-à-fait, puisque dans un pareil moment je ne puis m'en servir !

Le malade laissa tomber la lettre à ses pieds. Louise s'en empara et lut aussitôt les paroles suivantes :

« Me voici enfin, mon vieil ami, mon second père, et jeudi soir, après-demain, je serai dans vos bras.

Mon long voyage a été heureux ; je reviens à vous bien portant, presque riche, et cependant, au moment de prendre la voiture qui me conduira de Saint-Malo à Morlaix, le deuil de la Sapinaie m'arrache un soupir. Là, personne aujourd'hui pour me recevoir, et sans le voisinage du Léandi, sans vous, sans Louise et Geoffroy, mon autre famille, je crois que je ne retournerais jamais au pays, tant le vide et la solitude me semblent tristes sous un toit où l'on fut aimé si tendrement. Je fais donc, avant de me mettre en route, un appel à votre amitié pour moi... Vous surtout, vous, Louise, que je nommais autrefois ma sœur, voyez combien je suis isolé, et demandez-vous comment votre affection généreuse pourrait ramener la vie au foyer désert. La *Malouine*, dans quelques semaines reprendra la mer pour un voyage de deux ans à Pondichéry et Calcutta ; dites, ne voulez-vous point, avant ce nouveau départ, changer en réalité consolante le rêve ambitieux du capitaine ? Ce rêve, votre père le connaît depuis longtemps, il l'approuve, et c'est lui-même... »

Le vieillard avait saisit les deux mains de sa fille et dans une attitude presque suppliante : — Eh bien ! que te disais-je de ce grand cœur ? toi sa femme ! Oh ! mon enfant, ton vieux père mourant n'a plus rien à craindre.

— Je l'aimais déjà comme un frère, répondit la jeune fille en attachant ses lèvres au front du malade qui venait de la tutoyer pour la première fois, et, maintenant, croyez-le, il ne m'en coûtera point de vous obéir. Non, non, continua-t-elle avec un geste hautain qui ressemblait presque à un défi, le récit de la mère Angèle n'était pas un conte ; seulement j'étais trop modeste en soupçonnant qu'on pût sacrifier Louise de Kerhar à la brillante fortune de la fille d'un armateur.

Le regard indécis de M. de Kerhar suivait les mouvements de Louise, et dans la contraction de ses sourcils un doute pénible se révélait. A quoi fallait-il attribuer les derniers mots qu'il venait d'entendre, à la reconnaissance ou à l'orgueil ?

Pendant ce temps, Geoffroy, hors de lui à la pensée d'une noce au manoir, descendait l'escalier quatre à quatre, et pénétrait comme un ouragan dans la cuisine pour confier le grand secret à la bonne Naïk, nourrice de sa sœur. Celle-ci, suivant la coutume bretonne, témoigna sa joie et son étonnement par la double exclamation de *Bonne sainte Vierge!* et de *Jésus mon Sauveur!* Pieuse habitude qui prend le ciel à témoin de nos félicités, reconnaissant ainsi que tout bonheur vient de Dieu.

Un instant plus tard, un grand bruit de sabots retentissait à la porte ; ce n'était rien moins qu'une ronde des petits pâtres improvisée par l'héritier de Kerhar. Ce dernier, la danse une fois en train, s'esquiva de nouveau pour aller attacher aux ruches posées sur les pierres du courtil un morceau d'étoffe écarlate en signe de réjouissance. Cela fait, il cueillit, toujours à la hâte, des branches de lilas, les tressa en forme de couronne, et suspendit son chef-d'œuvre à la fenêtre de la modeste chambre occupée par celle qu'il n'allait plus nommer, dès ce moment, que madame de Coativy. La joie était au pauvre manoir, et, le soir, lorsqu'après une absence de trois années et pour la première fois depuis la mort de son père, le jeune marin retrouva les bords du Jarleau, ce fut aussi la joie qui déborda de son cœur malgré les appréhensions différentes.

Geoffroy armé, comme le Bazvalan en ambassade pour une demande en mariage, d'une branche de genêt fleuri, accourait au-devant de lui. Sa pantomime était expressive, et avec des airs de tête, des battements de mains connus seulement des jeunes campagnards, le frère de Louise chantait à plein gosier ce couplet de bon augure et de circonstance,

« Viens, mon ami, viens avec moi, ta petite colombe n'est pas perdue : c'est moi-même qui l'ai gardée dans ma chambre, en une cage d'ivoire, dont les barreaux sont d'or et d'argent. Elle est là toute gaie, toute gentille, toute belle, toute parée. »

IV

Le lendemain, sur le chemin assez court qui mène du bourg de Plourin à la Sapinaie et aux Léandi, un vieux prêtre, les pans de sa soutane retroussés dans sa ceinture, pressait le pas en gesticulant et parlant tout haut comme le font les personnes âgées et vouées à une vie solitaire. Ce prêtre n'était rien moins que M. le recteur de la paroisse, le meilleur, le plus édifiant des hommes, et qui savait fort bien, en acceptant l'invitation à dîner de M. de Kerhar, que ses habitudes frugales n'auraient point à en souffrir. Le manoir et le presbytère ne connaissaient pas mieux l'un que l'autre les vins fins, les mets délicats, et même, bien loin que le luxe de table y fût en progrès, le repos forcé de la canardière et de la ligne du châtelain avait amené dans les deux maisons une décadence relative. En ce temps-là, le cœur et non l'estomac réunissait les amis. La sensualité, la cupidité, l'ambition, idoles de nos jours, ressemblent à ces sorciers de l'Hindoustan qui, suivant les voyageurs, vous rongent le cœur peu à peu, et vous laissent, au moment où vous y songez le moins, une poitrine vide en face de la mort sans consolation et sans espérance.

Le grincement des girouettes du Léandi et de la

Sapinaie arracha le vieux prêtre à son monologue entièrement consacré, d'ailleurs, à la fin probable du père de Louise et au prochain mariage de celle-ci. Le billet à peine lisible du châtelain ne séparait point ces deux événements, et le bon recteur, effrayé, la veille encore, de la position des orphelins, bénissait le ciel qui leur envoyait un nouvel appui au moment où le premier allait disparaître. L'invité du manoir approchait par les hauteurs du but de sa course, et dans la situation d'esprit où il se trouvait, la vallée qu'il parcourait du regard lui semblait charmante. Il avait raison, et nous aimerions à peindre ici le cours du Jarleau, tel qu'il se montrait alors à celui qui le contemplait. Qu'on se figure donc sous les rayons d'un soleil d'été tempéré par quelques nuages légers et fugitifs, deux chaînes de collines aux croupes arrondies où s'étagent en amphithéâtre des prés fleuris, des champs couverts de moisson, des bois où les sombres rameaux des ifs et des sapins se mêlent au vert plus tendre des bouleaux et des frênes. Plusieurs de ces bois descendaient en s'amoindrissant et presque sous la forme d'une avenue jusqu'à la petite rivière dont les eaux couleur de turquoise disparaissaient à leur ombre pour reparaître un peu plus loin aussi vives, aussi brillantes. Coulant à l'aventure, comme attiré tour à tour par un arbre mort aux racines tordues et découvertes ou par un frais bocage de noisetiers; passant d'un lit plus large à un plus étroit, ce qui lui donnait des contre-courants latéraux aux réverbérations nouvelles et capricieuses, le ruisseau échappé de sa source en Lannéanou et qui, à Morlaix, se réunit au Kefleut pour s'élancer en compagnie parmi les flots tumultueux de la Manche, s'avançait gaiement vers les deux gentilhommières qu'il séparait, et près desquelles une sorte de déversoir naturel formé autour d'un îlot bordé d'iris, provoquait entre des rochers moussus, des touffes de roseaux, des fouillis d'arbustes, la plus agréable confusion de chutes d'eau et de tournoiement d'écume. C'est là que les deux châtelains avaient établi un pont rustique pour aller de l'un chez l'autre à toute heure du jour, et c'est là aussi que le digne recteur rencontra Geoffroy, très-occupé d'une bergeronnette qu'il cherchait à prendre et qui se balançait devant lui à l'extrémité d'une branche d'osier.

La table avait été mise en plen air, sous un chêne dont le tronc vaste et les branches énormes faisaient bien comprendre le respect religieux attaché longtemps à cet arbre si beau dans sa force et sa majesté. Le jeune marin portait des chaises, et Louise, un peu confuse du petit nombre et de la qualité des plats, essayait de tromper les yeux en disposant sur la nappe deux ou trois bouquets. Au reste, la senteur des foins se mêlait au parfum des roses, et, de de plus, pour flatter aussi l'oreille, les musiciens ailés ne manquaient pas depuis le dôme de feuillage jusqu'au toit jauni des deux manoirs.

17

M. de Kerhar désirait s'entretenir un instant avec le prêtre avant le dîner, et les paroles de bienvenue une fois échangées entre ce dernier et le capitaine, le recteur se rendit seul dans la chambre du malade.

Celui-ci lui tendit les bras avec une exclamation de plaisir. Il y eut entre ces deux hommes un long baiser, une étreinte muette et cependant éloquente.

— Que vous disais-je? s'écria le recteur; la Providence vient toujours à notre aide à l'heure où son intervention est nécessaire ! Dieu fait aussi ses partages à sa manière, et les moins favorisés sous le rapport de la fortune et des honneurs auraient tort, pour cette raison, de se croire oubliés ou méconnus. N'avez-vous pas remarqué que notre Sauveur, au moment d'élever un de ses disciples au-dessus des autres, ne choisit point pour cette dignité celui qu'il aimait le mieux? Ce qu'il fit pour Jean, vous le savez bien : il le reçut dormant sur son cœur et dit de lui à sa mère : Voilà votre fils !

C'est vrai, répliqua le malade suffoqué par l'attendrissement et la reconnaissance, et vous, le meilleur témoin de ma longue carrière, vous n'ignorez pas plus mon abandon à la Providence que ma confiance inaltérable en celle qu'on a si justement nommée la Consolatrice des affligés et le Refuge des pécheurs. Peut-être, à présent que je vais mourir, me sera-t-il donné, en retour de ma soumission constante, et malgré mes fautes, de jouir là-haut des félicités sans mélange ; en attendant je réclame une dernière fois, avant de rejoindre mes enfants, le pardon que vous avez mission d'accorder et qui me rassure. Mon vieil ami, écoutez encore l'aveu de mes misères, et, d'abord, aidez-moi à me mettre à genoux.

Il y a des âmes saintes dont les accusations les plus rigoureuses et les plus sincères donnent mieux qu'une apologie la mesure de la haute vertu. Le châtelain du Léandi avait une de ces âmes d'élite. Un fabuliste raconte que dame cigale, en veine de critique, fit remarquer un jour à ses voisines que, dans les sillons tracés par un bœuf, il s'en trouvait un dont la distance n'était pas égale. Cette légère faute vous eût échappé, lui dit quelqu'un, si les autres sillons n'étaient pas parfaitement droits ! — Heureux donc ceux dont les errements ne prêtent qu'aux censures si honorables d'un examen minutieux ou de la médisance lilliputienne ! — Mais, disait le prêtre, malade et affaibli comme vous l'êtes, au lieu d'aller chercher la table en bas sous le chêne, ne vaudra-il pas mieux la dresser ici dans votre chambre ?

Le châtelain secoua la tête : ni les observations inquiètes de Gratien, ni les prières de Louise n'avaient pu le décider à renoncer au désir qu'il éprouvait de dîner avec sa fille et le fils de son ami à la place même où, le jour de son mariage, il s'était assis à côté de sa chère compagne. Transporté dans son fauteuil par le jeune marin et Job, à la fois valet de chambre et laboureur, il fut bientôt sur le tertre qui lui rappelait de si doux souvenirs.

— C'était comme aujourd'hui, dit-il en joignant les mains : un ciel bleu et rempli pour le lendemain des plus riantes promesses ; puis de riches feuillages et des blés tels que ceux-ci, montrant partout, malgré les soins des sarcleuses, des bleuets et des coquelicots. De nombreux oiseaux assistaient aussi à la fête, et les deux mariées nous demandaient à la fois si les peupliers du Léandi étaient fréquentés par les rossignols. L'alouette s'élevant des sillons en tournant toujours sur elle-même, l'hirondelle qui se glisse dans l'air et revient sur l'eau en décrivant des cercles multipliés, amusaient également leur attention. Rien n'est changé depuis ce temps-là, excepté les deux manoirs délabrés, et surtout la Sapinaie, dont les murs ne montraient alors, ni ces graminées, ni ces lierres, ni ces giroflées sauvages.

— Tout ce qui vient de l'homme doit finir, murmura doucement le recteur.

— Mais tout se renouvelle, ajouta le fils de Roland de Coativy. Tenez, avant mon départ, ces plantes auront disparu, ce toit sera réparé, et plus tard, après quelques années de nouveaux efforts qui, je l'espère, ne demeureront pas stériles, la Sapinaie verra grandir son domaine de façon à satisfaire de plus ambitieux que nous. Pour notre Léandi, je m'en rapporte à l'activité de ce jeune garçon, destiné comme moi à courir le monde pour rapporter ensuite à son berceau ce qui peut aider à le rajeunir. Ne savez-vous pas qu'il a rêvé toute la nuit dernière aux bords du Gange et à la vallée de Cachemire ?

— Il ira les visiter avec vous, mon cher Gratien, dit M. de Kerhar, et, dès à présent, je le confie à votre amitié.

Geoffroy bondit de plaisir et faillit renverser la table. Tout à coup une impression différente parut sur ses traits candides.

— Non, mon père, non ; la *Malouine* partira sans moi. Vous souffrez et je veux rester auprès de vous.

Le châtelain serra tendrement la main de son fils, et d'une voix grave :

— Je ne souffrirai plus dans trois semaines, mon doux enfant, et, probablement, beaucoup plus tôt. Allons, que cette pensée n'attriste personne ; n'ai-je pas rempli de mon mieux la tâche imposée à ma faiblesse, et le père de famille qui m'attend n'est-il pas le plus indulgent, le plus compatissant de tous les pères ? On croirait, à la façon dont nous plaignons ceux qui nous devancent, même dans toute la sécurité d'une mort chrétienne, que nous ne croyons pas un mot de l'autre vie où nous devons un jour les retrouver. Pour moi, je veux qu'avant un an d'ici ceux qui m'auront aimé le mieux parlent de moi le sourire aux lèvres, comme de quelqu'un que l'on sait heureux, qui nous a, il est vrai, quitté pour un peu de temps, mais qu'on aime à rappeler souvent et joyeusement entre soi, en attendant l'heure où, pour peu qu'on y travaille en suivant ses traces, on est bien certain de l'aller rejoindre.

M. de Kerhar était fatigué; on le rapporta dans sa chambre où il s'endormit aussitôt. Sa fille vint s'asseoir à côté de son fauteuil, et Geoffroy, sous le pressentiment d'une séparation prochaine, refusa aussi de s'éloigner. Gratien reconduisit le vieux prêtre jusqu'à l'autre versant de la colline.

— Il s'éteindra peut-être cette nuit, dit le recteur. Dans tous les cas, quelque diligence que nous fassions, il n'assistera pas à votre mariage.

— Je le crains, répondit amèrement le capitaine, et déciderai-je jamais Louise à m'épouser dans les premiers jours de son deuil?

Le vieillard garda le silence.

— Il faut tout prévoir, reprit le jeune homme, et vous nous rendriez à elle et à moi un si grand service si vous remettiez ceci, demain, à M. de Kerhar.

Et Gratien présentait à son confident un petit coffret qu'il tenait caché sous ses habits.

— Une boîte, dit le prêtre avec étonnement, et que contient-elle?

— Regardez, de l'or et une courte lettre.

— Comment, une restitution! Mais quelle écriture! On dirait les premiers caractères tracés par un écolier. Une dette sacrée, qu'une amie de madame de Kerhar se reproche d'avoir trop longtemps tenue secrète, et qu'elle rembourse aujourd'hui!... C'est inouï, incroyable!

Le front du marin était couvert de rougeur: ses yeux baissés et son attitude inquiète annonçaient la gêne.

— Et vous ne voulez pas remplir vous-même, mon jeune ami, la commission dont la dame inconnue vous a chargé? Remis par vous, en effet, un pareil message pourrait éveiller les soupçons. Allez, convenez-en, la dette et la restitution ne sont qu'une invention délicate? vous avez fait deux parts de vos économies, et celle-ci est la part de Louise.

Gratien ne savait pas feindre: il avoua que prévoyant la mort prochaine de M. de Kerhar, et ne voulant point que Louise, dénuée de ressources, le prît pour mari uniquement par nécessité, comme on saisit sans choix, dans un naufrage, la dernière planche de salut, il avait imaginé ce moyen de la rendre libre et de la préserver, au besoin, d'un lien sans bonheur pour elle. Le jeune homme se rappelait aussi que, dès son enfance, mademoiselle de Kerhar annonçait beaucoup de fierté. Eh bien, pour un caractère fier, n'était-il pas pénible, dans un mariage même désiré, de tout recevoir sans avoir rien à offrir? Ce double motif avait décidé l'envoi mystérieux; et René Bavolin, le mousse du bord, à qui le capitaine donnait des leçons d'écriture, avait copié la lettre comme il eût fait du premier exemple venu et sans se douter de rien. A la vérité, dans le premier projet, la prétendue restitution devait venir avant la demande en mariage. Mais quoi! en prévenant de son arrivée le vieil ami de sa famille, le père de Louise, le cœur avait emporté la tête et s'était déclaré un peu trop tôt!

La cassette déjà sous le bras et les deux mains fortement appuyées sur sa canne de houx, le vieillard souriait en écoutant le marin, et ses yeux n'étaient pas très-secs.

— Allons dit-il, pour la première fois de ma vie, me voilà, à soixante-dix ans, le complice d'une ruse. Demain matin, or et billet seront remis au manoir, et je ne consulterai que demain soir pour me repentir, s'il y a lieu, mon dictionnaire des cas de conscience. Oh! ce garçon qu'il est habile à séduire! Il invente, il dissimule, il trompe aujourd'hui, mais en même temps, il y met tant d'élévation et de bonté, qu'au lieu de le blâmer on l'admire.

Nous croyons, en effet, qu'on pouvait appliquer sans témérité au généreux mensonge du capitaine ce que dit Sterne du juron de l'oncle Tobie arraché par la compassion la plus tendre : « L'ange accusateur qui l'emporta à la chancellerie du ciel rougit en l'y déposant, mais l'ange greffier, en l'inscrivant, laissa tomber une larme sur le mot, et l'effaça pour jamais. »

V

Vers le milieu de la nuit suivante, le recteur de Plourin fut réveillé par de grands coups frappés à sa porte.

— Vite, vite, s'il vous plaît ! criait Job le laboureur ; *Jesus va Doué, Aotrou rector*, vous n'arriverez jamais assez tôt ! Le pauvre maître est à ses derniers moments, et tout le long du chemin, en venant ici, je m'attendais à voir passer son âme devant moi.

Le prêtre ne mit pas cinq minutes à s'habiller. Job reprit d'une voix altérée par la peur :

— La mort fait des siennes cette nuit, aussi tous les saints sont-ils en route. J'ai rencontré dans le chemin creux jusqu'à quatre mains à la file tenant des lumières. Soyez sûr que saint Aubin, saint Eutrope, Notre-Dame du Mur et le bienheureux patron de la paroisse allaient assister M. de Kerhar.

La croyance à des lumières portées par des saints dont la main seule est visible, et qui, de chapelle à chapelle, vont se visiter, est très-répandue encore de nos jours dans les environs de Morlaix. Les ruines de saint Tual, en Plougasnou, sont particulièrement fréquentées, dit-on, par des pélerins descendus du ciel.

En arrivant au Léandi, le recteur et son compagnon trouvèrent Naïk assise à la porte, la tête cachée sous son tablier.

— C'est fini! murmura-t-elle; et l'on n'entendit plus que des sanglots. Avant le jour, la fidèle servante avait détaché des ruches le drap écarlate pour le remplacer, suivant l'usage en pareil cas, par un morceau d'étoffe noire.

VI

Trois semaines s'écoulèrent, et, comme il avait été facile de le prévoir, le moment du départ arriva plus tôt, pour le marin, que le jour de son mariage. Le coffret et son contenu n'avaiens rien changé à la résolution de l'orpheline, mais le deuil de celle-ci ne permettait pas d'insister beaucoup quand, les yeux en pleurs, elle exprimait le désir de ne remplir sa promesse qu'au retour de son fiancé et de son frère. La *Malouine* devait encore visiter Pondichéry et Calcutta, et, comme l'avait déjà dit le capitaine, on ne pouvait guère prévoir la fin du voyage avant deux ans. Jusque-là, Louise trouverait au Faouët, chez les Ursulines, une retraite paisible, tandis que les deux manoirs resteraient sous la garde de Naïk et de Job le laboureur. En attendant, tous ceux que nous venons de nommer, accompagnés du bon recteur de Plourin, se dirigeaient un matin du côté de la ville où Gratien et Geoffroy allaient prendre la voiture pour se rendre à Saint-Malo. En vue des premières maisons, tous s'arrêtèrent d'un commun accord pour échanger sans témoins ces paroles d'adieu que la présence des indifférents trouble toujours. Là s'élevait, sur un tertre à gauche du chemin en allant vers Morlaix, la croix de pierre nommée aujourd'hui *la croix qui marche*. Le prêtre parla le premier.

— Mes enfants, dit-il, c'est ici, devant le divin signe de notre rédemption, que nous devons nous séparer. Durant la vie, les changements se succèdent autour de nous; le cercle des premiers amis devient de plus en plus étroit, et pour adoucir l'absence et notre isolement, nous avons besoin de penser beaucoup à celui qui, non-seulement ne nous quitte jamais le premier, mais dont la bonté encore nous poursuit longtemps, s'il nous arrive, par malheur, de nous éloigner nous-mêmes. Vous, Gratien, et vous aussi bon petit Geoffroy, vous aurez recours à sa protection dans les périls de la mer, et le jour viendra où nous serons réunis de nouveau, où, du moins je l'espère, vous qui n'avez point comme moi l'avertissement des cheveux blancs et d'un pas alourdi par la vieillesse. Alors, si je manque au rendez-vous, rappelez-vous que mes derniers conseils ont été ceux-ci: Prenez, sur toute chose, vous qui vous chérissez en ce moment; prenez garde, ami et amie, frère et sœur, mari et femme, de n'être jamais séparés autrement que par les distances! Voir des lieux nouveaux et des visages inconnus remplacer les lieux et les visages familiers à notre affection, n'est pas, en ce qui concerne les relations des hommes entre eux, le pire des malheurs. Le malheur qui mérite ce nom et la marque peut-être de notre plus grande misère, c'est la séparation lente ou soudaine des cœurs, des pensées longtemps sympathiques ; c'est entre deux personnes qui s'étaient crues, en quelque sorte, les deux moitiés d'une seule âme, la douleur de n'être plus rien l'une pour l'autre, lorsqu'elles se retrouvent un jour l'œil sec, la main froide, l'attention distraite ou pleine d'étonnement en songeant à l'amour passé. Combien cependant se sont aimés tendrement, ardemment, et qui dorment aujourd'hui sous le même toit, aussi étrangers par les sentiments et les voies diverses qu'ils suivent que nous le serions, nous, enfants de la Bretagne, à Tunis ou à Pékin! Mes pauvres amis, je le répète, redoutez bien plus l'inconstance humaine avec ses lassitudes et ses caprices, que le chagrin d'avoir entre vous, pour des mois ou des années, toute l'immensité des mers.

Jeune, ardent, conservant en lui comme le plus cher des trésors l'amour du pays natal et le culte de tous les souvenirs, le capitaine protesta hautement contre ces paroles. Louise baissait les yeux, rougissait, et ses doigts effeuillaient machinalement un bouquet de pensées sauvages qu'un instant auparavant Gratien avait cueillies pour elle sous les buissons.

Naïk montrait à Job les fleurs tombant une à une dans la poussière.

— Signe d'oubli, disait la nourrice; et le laboureur lui répondait tristement par un geste affirmatif.

— Et vous, Louise, s'écria le jeune marin d'une voix presque suppliante, ne seriez-vous pas disposée à jurer comme moi devant Dieu que ni le temps ni l'absence, ni un événement quelconque ne pourra jamais nous désunir? Pour moi, avant qu'un serment aussi doux à prononcer s'efface de ma mémoire, je verrai ma vie s'éteindre et le monde entier s'effacer devant mon regard mourant.

Louise étendit la main vers la croix de pierre, et d'un accent qui semblait annoncer plus de fermeté que de tendresse:

— Et moi, dit-elle, j'atteste qu'à votre retour cette croix aura passé de l'autre côté du chemin s'il m'arrive d'oublier un seul instant les liens d'amitié de nos deux familles et la promesse qui m'unit à vous!

Le front du vieux prêtre s'assombrit, et la bonne Naïk s'adressant de nouveau à son compagnon:

— Job, dit-elle, je n'ai mangé ni le cœur ni les entrailles d'un corbeau pour avoir le don de prophétie; mais je connais mon rêve de la nuit dernière. C'est assez! avant peu la croix ne sera plus où nous la voyons.

VII

Nous n'avons à raconter ici ni des aventures de mer, ni la vie doucement monotone de mademoiselle de Kerhar dans son couvent. Laissons le temps franchir à tire-d'aile les jours, les mois, les années, et ne revenons à Gratien de Coativy qu'au moment où les côtes de France se découvrent encore une fois devant lui à l'horizon. Les bras croisés sur sa poitrine, et les regards plutôt inquiets que joyeux, le jeune marin paraît absorbé dans ses réflexions. La mer est belle, le ciel bleu, la brise favorable, et les deux mousses de la *Malouine* qui, depuis quelques instants, ne prennent aucune part à la manœuvre, assis, l'un sur un rouleau de cordes, l'autre sur le bout du mât de rechange, se communiquent à voix basse leurs observations.

— Ah ça, J'ai-Froid, explique-moi donc, si tu peux l'air tout chaviré du capitaine ! A-c't-heure que la terre est en vue là-bas, c'est fini de rire : le voilà vent dessus vent dedans.

Ce langage trempé d'eau salée, et qui pourrait fort bien n'être pas toujours compris en terre ferme, appartenait à René Bavolin, gros garçon d'environ quatorze ans, aux cheveux roux, au nez camard, au teint bronzé, et dont l'ambition, assez générale au début de toutes les carrières, était de passer pour un homme rompu au métier qu'il avait choisi. De là un abus constant du vocabulaire à l'usage des vieux de la cale, et la manie de rappeler aussi souvent son expérience que l'aurait pu faire un loup de mer, après un demi-siècle de navigation. Serviable d'ailleurs, et prêt, en tout circonstance, à donner un coup de main à son camarade plus jeune, et qu'il nommait résolûment son *matelot*, sa conduite, pendant la traversée de Saint-Malo aux Indes, puis des Indes en vue de la mère-patrie, n'avait point démenti ce titre éloquent, synonyme d'ami, de frère, et qui suppose le degré suprême d'une affection tendre, loyale, généreuse jusqu'à la plus entière abnégation. Geoffroy, appelé nécessairement J'ai-Froid ou Morfondu par l'équipage, qui ne manque jamais de remplacer par un sobriquet le nom d'un mousse; Geoffroy avait pour la science nautique et les qualités matelotes de Bavolin, mieux connu sous le nom de Va-de-Bon-Cœur, une admiration sans borne. L'ancien, le vieux des vieux, comme le premier mousse de la *Malouine*, aimait à se qualifier lui-même, était à ses yeux un Jean-Bart encore ignoré, et qui, la croissance une fois faite, ne tarderait guère à échanger contre les épaulettes d'amiral son pantalon de toile à voile et sa chemise rouge raccommodée d'une pièce bleue sur le dos et aux deux coudes. Bavolin acceptait l'augure sans sourciller, et nous pouvons affirmer que la confiance naïve du frère de Louise dans l'avenir de son hardi compagnon entrait bien pour quelque chose dans l'intérêt profond que lui témoignait celui-ci.

Revenons à la conversation toute confidentielle que nous croyons utile de rapporter.

Avant de répondre à la question de Bavolin, Geoffroy tourna les yeux vers le capitaine.

— Voilà six mois, dit-il, que ni lui ni moi n'avons reçu aucune nouvelle du pays. S'il est triste, c'est qu'il a peur, à notre arrivée...

— Peur de quoi, du moment que son père et sa mère ont cherché là-haut, depuis longtemps, un meilleur ancrage? Père, mère et matelot, je ne connais que ça! Le reste n'est que bêtisailles.

— Mais tu as donc oublié que le capitaine a demandé ma sœur en mariage? Une fiancée, vois-tu, c'est bien quelque chose aussi.

— Ah! c'est vrai! pardon! excuse! répondit Bavolin avec un mouvement d'épaules et un ricanement significatifs, le capitaine vire au mariage, et nous verrons bientôt la noce.

— Peut-être. Louise n'écrit plus depuis longtemps. Tiens, matelot, je crains, moi aussi, quelque malheur, maladie, mort ou changement de manœuvre.

— Changement de manœuvre, et de la part de ta sœur! Allons donc, mon petit! Quand une fille a rencontré un mari comme celui-là, un vieux, un brave, premier choix sur toutes les mers, il faut qu'elle amène ou elle est coulée dans le quart-d'heure.

Changement de manœuvre! on aurait du goût alors dans ta famille!... Sais-tu bien que certaine particulière, pas du tout grêlée, ma foi, n'attendait que le moment pour vous jeter le grapin sur le capitaine? Bah! je te raconterai l'histoire de cette finaude et de l'armateur son bonhomme de père. Attention, Morfondu! nous allons distiller la chose : dresse l'oreille et tais ton bec!

C'était il y a deux ans, mon camarade, le jour où M. Métivier donna une fête à tout l'équipage de la *Malouine*, en témoignage de satisfaction. Sa fille, mademoiselle Palmyre, était là au premier rang, gréée en satin des plus belles couleurs, chapeau rose dans le genre ficelé, toilette premier brin, dorée, pavoisée à faire plaisir. Il y avait là, dans les jardins comme dans le navire, l'avant et l'arrière, la place des matelots et celle de l'état-major; mais Va-de-Bon-Cœur, qui voulait voir de plus près danser les demoiselles, se cache derrière une charmille et pousse du côté où la fille de l'armateur tirait sa bordée vers la gavotte. De conserve avec elle naviguait le capitaine, et tandis que les autres, des engourdis, des sans-cœur, ne sautaient ni peu ni beaucoup, ils allaient, ils allaient comme deux éclairs à la voile. C'était bien, et ton matelot ne se plaignait pas du spectacle, quand une vieille en velours jaune, qui ne cessait de bâiller et vous ouvrait une bouche capable d'avaler sept cent mille poulies à la file, vire de bord au milieu de la foule, et s'en vient droit à moi, vent sous vergues, au point que nous n'avions plus entre nous qu'un méchant buisson couvert de groseilles. Qu'aurais-tu fait pour parer la coque dans cette circonstance, pour éviter l'abordage et les avaries possibles, le poste assigné à Bavolin ayant été abandonné sans permission? Un instant, madame la comtesse! On sait son métier! Et me voilà ouvrant l'œil, prenant chasse; puis, avisant en poupe M. Métivier lui-même, changeant de route cap pour cap, et m'échouant par le travers sous un banc mignon et repeint à neuf. J'étais là, veillant au grain, à quatre pattes comme Maringoin, notre chien caniche, lorsqu'un bruit de pas, provenant de deux paires de bottes en marche, attira toute mon attention. Ces bottes-là, du moins les dernières avaient passé par mes mains, les autres appartenant au gros papa Métivier, et de taille, une fois les tiges enlevées proprement, à nous servir de chaloupes. C'est bon! les unes et les autres allaient leur train, et cependant qui les aurait vues un moment tout contre mon nez aplati sur le gazon eût juré qu'elles ne le rangeraient jamais à l'honneur. « Reposons-nous, dit l'armateur en faisant craquer le banc sous son poids; j'ai aussi à vous parler d'affaires très-sérieuses. » Et là-dessus, attrape à faire l'éloge de mademoiselle, et après avoir louvoyé cinq bonnes minutes, à s'informer en douceur si le capitaine ne s'arrangerait pas de la belle Palmyre avec un lest de piastres par-dessus le marché. Le capitaine ne répondit d'abord ni oui ni non;

mais du moment qu'il ne crochait pas plus vite et en double, il était clair qu'il appareillait pour prendre le large. Ce qu'il déclara ensuite, ma foi, je ne me chargerai pas de le répéter : seulement il dit à sa mode qu'il aimait la fille d'un ami de son père, un ancien assez peu calé, et même tout à fait dans la rafale. Le nom, je l'entendis bien, c'était le tien et celui de ta sœur. Comprends-tu maintenant l'apologue, et comment il faudrait un cœur plus noir que la soute à charbon pour trahir un homme, un vrai, un fini, hélé par une héritière, et qui lui préfère une amie d'enfance, riche tout au plus d'une centaine de colimaçons baveux collés aux vieux murs d'un manoir, et le seul plat assuré pouvant servir à son dîner de noce!

Ces paroles dédaigneuses ne devaient point rester sans protestation. Geoffroy ne cherchait à tromper personne sur la pauvreté de sa famille, cependant il était bien aise d'affirmer à un ami que sa sœur et lui possédaient d'autres biens au soleil que la maison errante d'un escargot recueillie un jour par surprise. Dans l'énumération, très-courte d'ailleurs, des chétives ressources laissées par M. de Kerhar à ses enfants, le coffret mystérieux trouvait sa place. Au mot de restitution, Bavolin avait poussé une exclamation nautique, et quand il eut obtenu de son matelot, sur le contenu de la lettre d'envoi, les renseignements nécessaires, il reprit, le rire dans les yeux, et posant un doigt sur sa bouche.

— Si tu n'étais pas un conscrit, un Parisien, un rien du tout, si, comme moi, tu roulais ta bosse depuis des années sur la mer jolie, tu n'aurais jamais pris, nigaud, pour la main d'une femme ces doigts goudronnés, ce poing nerveux qui, à deux reprises, a mis en hachis la mâchoire du mousse insolent de la *Nantaise*. La dame, elle est aujourd'hui devant ton museau, imbécile, et si ta sœur, aussi bête que toi, prenait un revolin pour une brise ; si, affolée de quelque terrien poltron, mauvaise pratique, elle tenait à longueur de gaffe un honnête marin, tu pourrais lui raconter, avec l'histoire de la fille de l'armateur, le fin du fin des petits jaunets. Le chiffon de papier, c'est moi qui l'ai noirci sous la dictée du capitaine, et en m'escrimant, fallait voir ! Le cœur de M. de Coativy, c'est une curiosité, mon garçon, ni plus ni moins. On pourrait tirer pendant quatre-vingt-dix ans, parmi des millions de milliasses, sans en rencontrer un pareil. Eh bien, eh bien, continua l'ancien de la *Malouine*, tu pleures à présent ! Mais où vas-tu donc, farceur ? où vas-tu donc ?

Les joues baignées de larmes, Geoffroy s'était levé brusquement, et déjà ses lèvres s'attachaient à la main du capitaine. Sans rien comprendre à cet élan de reconnaissance, celui-ci fixa sur les traits bouleversés de l'enfant un œil interrogateur. Un regard lui répondit plus éloquemment que n'auraient pu le faire des paroles. Ah ! si au moment des adieux la sœur du mousse avait eu ce regard pour le généreux

Gratien, le souvenir du serment fait au pied de la croix n'aurait permis au retour ni le doute ni la tristesse.

VIII

A peine arrivé à Saint-Malo, le capitaine de la *Malouine* s'empressa d'écrire à mademoiselle de Kerhar. Quelques jours s'écoulèrent, et Louise ne répondit point. Nouvelle lettre adressée, cette fois, à madame la supérieure des Ursulines du Faouët. La bonne religieuse apprit alors à M. de Coativy que mademoiselle de Kerhar était à Morlaix depuis plusieurs mois. Sa marraine, madame de Coatreven, l'avait décidée à quitter le couvent pour venir habiter chez elle.

Une détermination aussi grave, demeurée jusque-là secrète pour lui comme pour le frère de Louise, n'était pas de nature à rassurer beaucoup le capitaine. Sans perdre un instant de plus dans une vaine attente, il prit avec Geoffroy la route de Morlaix.

Madame de Coatreven habitait ordinairement la paroisse de Lannéanou, à trois lieues de la ville, et pour se rendre à son manoir, il fallait suivre le chemin de Callac qui, on se le rappelle, conduisait aussi à la Sapinaie et au Léandi. Agités par les pressentiments les plus sombres, les voyageurs traversèrent

Morlaix, où régnait, à leur passage, une grande animation. Des voitures traînées par des chevaux ornés de rubans parcouraient bruyamment les rues. On allait, disait-on, célébrer à Saint-Mathieu le mariage de M. Lorain, l'un des plus riches propriétaires de Paimpol. Ce nom, Gratien l'entendait prononcer pour la première fois, aussi ne songea-t-il pas un instant à prendre rang dans la foule qui formait la haie, une heure avant la cérémonie, sur la place du Dossen, le long de la venelle des Archers et devant la porte de l'église.

Les deux marins suivaient donc la rive gauche du Jarleau, indifférents à l'impatience des curieux, lorsqu'ils reconnurent, marchant devant eux. et à quelques pas du tertre où ils l'avaient quitté au départ, le bon vieillard qui, dès lors, parlait avec tant d'autorité de la légèreté de nos engagements les plus solennels. Gratien et Geoffroy l'eurent bientôt rejoint, et au nom de Louise, qu'ils prononcèrent en même temps, la main tremblante du recteur indiqua la place d'où la croix de pierre avait disparu pour venir où elle se trouve aujourd'hui, de l'autre côté de la route, au bord des prairies, et penchée vers la rivière. La légende se tait sur l'étonnement que dut causer au capitaine un pareil prodige, mais la fermière qui me l'a raconté employa, pour caractériser la douleur de M. de Coativy, l'expression bretonne de *Kalounad*, d'une telle énergie pour peindre la plénitude d'une souffrance morale, que je n'essaierai pas de la traduire. Traîné plutôt que conduit jusqu'au manoir où Job et Naïk l'accueillirent avec épouvante en voyant ses traits renversés et sa pâleur, il entendait à peine les explications que lui donnait le vieux prêtre, et répétait d'une voix éteinte : « Mariée à un autre ! à jamais séparés maintenant ! » Moins abattu et beaucoup plus indigné, Geoffroy voulait retourner à la ville, y chercher Louise qui, peut-être, en ce moment, sortait de l'église appuyée sur le bras de M. Lorain, et lui reprocher publiquement son parjure et son ingratitude.

Oui, mademoiselle de Kerhar était aujourd'hui madame Lorain, et de riches parures, un équipage, la vie somptueuse que peut donner, en province surtout, un parvenu plus que millionnaire, l'avaient emporté sur la volonté d'un père mourant, l'inclination naturelle, la foi du serment, considérations si importantes. En avance sur son époque, et comprenant la sagesse et le bonheur comme on le fait de nos jours, Louise, du moment que la fortune de son époux lui permettait de briller, d'éblouir, d'exciter l'envie, acceptait volontiers le reste, y compris même les soixante années du mari et son caractère jaloux bien connu. Nous avons déjà montré ailleurs les inconvénients du roman dans le mariage ; mais qu'on y prenne garde, il y a d'autres rêves que les rêves poétiques, et ceux-là ne sont ni les moins menteurs ni les moins funestes.

Ce qui s'était passé pendant le dernier voyage de

la *Malouine* peut se raconter en quelques mots. Des circonstances inutiles à rapporter avaient amené dans le cercle de madame de Coatreven un ancien industriel, fils, assurait-on, d'un petit marchand colporteur, mais qui, par son intelligence des affaires, avait acquis, plus ou moins honorablement une belle fortune. La jeunesse de cet homme avait été un mélange de calculs et de dissipations ; il s'était étudié à mettre de l'ordre dans le désordre, et, malheureux à trente ans, à l'occasion d'une tentative de mariage trop audacieuse, le célibat lui paraissait depuis lors l'état qui convenait le mieux à son humeur soupçonneuse comme à son égoïsme naturel. Une fâcheuse aventure, dont l'éclat ne contribua à l'édification de personne, lui donna pourtant à réfléchir sur la situation d'un vieillard infirme livré à la merci des gouvernantes. Il aimait le monde, les plaisirs, et moitié pour s'assurer une garde-malade attentive, les jours de goutte, moitié pour réunir chez lui, aux heures de santé, une société mieux choisie et plus nombreuse, il songea de nouveau à prendre femme, à faire une fin. Admise dans la confidence de son projet, la marraine de Louise ne demanda pas mieux que de le servir. Elle aimait, comme tant d'autres, à diriger les préparatifs d'une fête, à n'y rien épargner, pourvu que la bourse d'autrui se chargeât de payer toutes les dépenses, et l'idée du salon Lorain la décida à parler particulièrement de sa filleule, qu'elle alla visiter dans son couvent en compagnie du sexagénaire.

Celui-ci s'accommoda de la jeunesse et du nom de mademoiselle de Kerhar, et Louise ne se montra pas moins satisfaite du million qui brillait devant ses yeux tandis que son oreille l'entendait sonner. Les poëtes aiment à faire de gracieuses idylles sur les rêves de jeunes filles; autant vaudrait parfois s'attendrir sur les combinaisons financières d'un juif.

L'époque du mariage fixée, Louise, en disant adieu aux Ursulines du Fauët, ne les entretint que de son abnégation. En épousant M. Lorain, malgré l'âge avancé du personnage, mademoiselle de Kerhar n'avait qu'un but, rendre à M. de Coativy sa liberté, et ne mettre désormais aucun obstacle au brillant avenir que réservait au capitaine de la *Malouine* son alliance avec la famille d'un riche armateur. Madame la supérieure pleurait d'admiration à la pensée d'un sacrifice aussi héroïque, et la mère Angèle avait toutes les peines du monde à conserver son humilité devant un témoignage aussi éclatant de l'éducation sans pareillle qu'elle donnait aux pensionnaires. Mère Angèle, aviez-vous donc oublié la parabole du semeur? Ce n'est que la quatrième partie du grain qui tombe dans un terrain propice et porte un fruit abondant. Tout le reste est enlevé par les oiseaux, séché sur la pierre, étouffé par les épines.

Aux observations sévères du vieux recteur, Louise voulut répondre également en donnant à son ambition l'apparence d'une vertu sublime. Cela ne réussit point auprès d'un homme qui connaissait beaucoup mieux le fond des cœurs et le véritable mobile des actions que les trop crédules religieuses. Sa réplique ne devait laisser aucun doute à cet égard ; aussi madame de Coatreven, qui, momentanément, habitait Morlaix, eut-elle bien soin de fermer sa porte à ce prêtre impoli, et dont le faux zèle, en prêtant de vilains noms aux sentiments les plus généreux, pouvait troubler les consciences.

Avec un tel amour de la paix, inutile d'ajouter que la marraine et la filleule, malgré la proximité, évitèrent de diriger leurs promenades du côté de la Sapinaie et du Léandi. Du reste, on le sait, ces deux manoirs n'avaient rien de bien attrayant pour mademoiselle de Kerhar. Deux années auparavant, tandis que Gratien parlait de les relever de leurs ruines, Louise n'éprouvait d'autre désir que de n'y rentrer jamais. Ainsi trop souvent une habitation pleine de nos souvenirs les plus chers ne dit rien à ceux qui viennent après nous, et n'est-il pas rare d'entendre des enfants déclarer devant leur père qu'ils n'auront rien de plus pressé, une fois en possession de leur héritage, que de déserter le foyer transmis jusque-là dans la famille de génération en génération. Ils le déserteront, en effet, et si ce n'est pas eux ce sera leurs fils. L'indifférence et l'abandon ne marchent pas toujours d'un pied rapide ; mais un peu plus tôt ou un peu plus tard, il n'est pas de porte si bien close où ces deux voyageurs infatigables ne pénètrent pour tout dévaster. Que de réflexions à faire, par exemple, en traversant un marché de friperies, devant ces vieux cadres où sourient des portraits de femmes qui, peut-être, ont été aimées jadis? Ces femmes, elles ont eu des maris, des enfants, et leur image, après avoir orné un salon où elles occupaient la place d'honneur, après avoir figuré ailleurs comme portrait de famille seulement, rappelant une bisaïeule, une grande tante dont on ne savait rien que les traits salis par la poussière, jaunis par le temps, de vicissitudes en vicissitudes, devait ne plus trouver place qu'à la foire en're des vases ébréchés et de vieux chiffons ! Rien de durable ici-bas que l'éternelle vérité des paroles de l'Ecclésiaste : Tout est vanité.

Je demande grâce pour ces pensées mélancoliques que plus d'un, sans doute, voudrait remplacer par le récit émouvant d'une entrevue dramatique entre le capitaine de la *Malouine* et madame Lorain. Cette entrevue, Gratien ne songea point à la rechercher, et quant à Geoffroy, il attendit son retour à Saint-Malo pour apprendre à Louise qu'il avait passé au Léandi quarante-huit heures, le jour même et le lendemain du mariage dont il rougissait pour sa sœur, et qui désolait le capitaine. Le jeune garçon, avec la franchise de son âge, avec la colère qui n'adoucit point les termes, finissait sa lettre par la double confidence de Bavolin et un appel énergique aux remords, à la punition d'une conscience coupable. Au milieu de l enivrement d'une vie nouvelle où l'adulation l'entourait, la brillante épouse du millionnaire ne prêta d'abord qu'une attention fort distraite à cette sorte de malédiction. L'histoire de la croix transportée miraculeusement d'une place à l'autre, arrivant jusqu'à elle, devait l'impressionner encore moins. Job et Naïk, témoins de sa folle promesse, en avaient instruit sans doute tout le voisinage, et quelques méchants, essayant de l'effrayer, s'étaient chargés d'opérer eux-mêmes le prodige dans la nuit qui précéda la célébration des noces. A certaines heures de notre existence, nous trouvons à tout des réponses satisfaisantes. Malheureusement ces réponses n'ont plus aucune force en d'autres temps, et l'on s'étonne alors d'avoir pu s'en contenter.

Et maintenant voulez-vous savoir, avant de finir, la destinée probable de madame Lorain, dont la légende ne dit mot, pas plus que de Gratien et de Geoffroy, après ce qu'on vient de lire? Regardons, consultons autour de nous, et l'expérience nous répondra d'une manière presque infaillible. Louise n'avait pas vingt ans, son mari en comptait soixante; elle était pauvre, il était riche, et vous ne ferez jamais, avec des conditions aussi disparates d'âge et de fortune, qu'un mariage soit autre chose qu'un triste marché, où chacune des deux parties croira, tôt ou tard, avoir été dupe. Les premiers mois, les premières années, peut-être, la vérité de la situation ne paraîtra que rarement sans voile; mais peu à peu l'habitude ôtera aux plaisirs trompeurs leur fascination : le mari sera moins fier qu'effrayé de la beauté de sa jeune compagne, et celle-ci ne trouvera plus la même jouissance à se parer d'étoffes précieuses, à donner des fêtes dont le résultat certain est de lui valoir, de la part du maître, une surveillance toujours pénible suivie d'observations incessantes. M. Lorain savait fort bien que le cœur de Louise ne l'avait point choisi, et de cette connaissance à la crainte de comparaisons funestes il n'y a qu'un pas. Quelle prudence ne faut-il pas à la jeune femme dans ses relations pour éviter le soupçon de préférer à des traits ridés un frais visage, à des raisonnements chagrins, à des prescriptions continuelles, sentant plus le pédagogue que l'ami, les idées riantes du matin de la vie ; des goûts, des sentiments en rapport avec les siens ! — Où manque l'accord si nécessaire aux joies paisibles de l'intérieur, on ne demande qu'a s'étourdir, et cependant le moment arrive où les distractions prises en commun ne sont plus possibles.

Que fera Monsieur retenu constamment chez lui par la goutte ou le catarrhe ? Imposera-t-il à Madame le supplice de ses plaintes, de sa mauvaise humeur, de sa retraite forcée, ou la laissera-t-il aller seule dans le monde, rire et danser, pendant qu'il souffre et gémit ? Chercher au dehors des consolations aux peines domestiques sera toujours un danger, et, dans la situation de Louise, le péril augmente encore. Retenue captive ou abandonnée de mauvaise grâce au gouvernement d'elle-même dans telle ou telle réunion, madame Lorain dut regretter bien des fois d'avoir sacrifié la médiocrité avec l'affection réciproque, avec toutes les conditions du bonheur, à des richesses qui ne séduisent pas longtemps, en pareil cas, tant elles sont lourdes à porter. Ces richesses, comment le malade humilié d'être pour sa femme un fardeau, ne s'en serait-il pas servi comme d'une justification en déclarant qu'après tout il était le bienfaiteur d'une ingrate? Souffrant également au souvenir de sa pauvreté, comment Louise n'aurait-elle pas cédé, à son tour, à la tentation de montrer à son époux, dans un portrait peu flatté au moral comme au physique, que le bienfait était largement payé par le dégoût et l'ennui, inévitables dans une telle association? Récriminations, reproches, chagrins, amertumes secrètes, quelle existence, avec ce cortége, ne semblerait une punition suffisante même pour le parjure!

IX

Un dernier mot sur la *croix qui marche*. Cette croix, on l'a vu, a sa légende dans le passé; mais nous devons ajouter que, pour l'avenir, les Bretons y attachent encore une prophétie. On assure que l'auguste image, mise une première fois en mouvement à l'occasion d'une promesse trahie, doit, avant peu, et dans une circonstance solennelle, s'éloigner de nouveau du tertre qu'elle occupait d'abord, et tellement, qu'elle traversera la rivière. Il se pourrait donc qu'une cause moins naturelle que le redressement du chemin de Callac déplaçât définitivement, au premier jour, la croix mystérieuse. La prédiction populaire, comme la légende, parle d'engagements sacrés éludés ou méconnus, et nous sommes à une époque où, sous ce rapport, la conscience humaine se permet tant de choses, que toute la question est de savoir à quel degré le mal peut atteindre avant de décider le ciel à faire un miracle pour le constater à tous les yeux.

FIN.

TABLE.

ARSÈNE MICHELIN. 1
    I. La grand'mère d'Arsène. 3
    II. Michelin père et Michelin fils. 14
    III. Un habit râpé. 23
    IV. Le petit-fils attendu. 31
    V. Visite à M. Gareau. 39
    VI. Avant et après. 51
    VII. Confidences mutuelles. 62
    VIII. Les adieux de la mère Michelin. 74
    IX. Correspondance. 85
    X. Après la semence la récolte. 98
    XI. Un duel à l'ancien village. 106
    XII. En quarantaine. 118
    XIII. Le père Thuriau. 131
    XIV. Conclusion. 146

LA MAISON AUX TROIS SONNETTES. 159

LA FAMILLE DÉNIEL. 213

LES PAUVRES DANS LES CAMPAGNES. 247

LE ROUGE-GORGE DE KERANROUX. 265

LA CROIX QUI MARCHE. 271

www.ingramcontent.com/pod-product-compliance
Lightning Source LLC
Chambersburg PA
CBHW060508170426
43199CB00011B/1376